Norbert Müller

Gesunde Kräuterküche

Mit heilenden Kräutern raffiniert würzen. Zahlreiche Rezepte
und Gesundheitstipps für eine bewusste Ernährung

Südwest

Inhalt

*Frische Kräuter
und frischer Salat:
Leichter und
schmackhafter
können Sie Ihren
Vitaminbedarf
nicht decken.*

*Fleisch und
Kräuter: Kanin-
chenspieße mit
Oreganobutter
sind deftig und
leicht zugleich.*

Kochen mit Küchenkräutern

Für viele zeigt sich im Umgang mit Kräutern und Gewürzen die hohe Schule der feinen Küche. Die passenden Kräuter, gut abgestimmt und richtig dosiert, machen oft den feinen Unterschied zwischen einem annehmbaren Gericht und einem Hochgenuss aus. Die Vielfalt der Kräuter mit ihren Eigenheiten, ihrem harmonischen Zusammenspiel und ihrem immer wieder erfrischenden und appetitanregenden Geschmack ist einer der wichtigsten Eckpfeiler des kreativen Kochens.

Schmackhaft und bekömmlich

Die Funktion der Kräuter beschränkt sich aber nicht nur darauf, den Geschmack zu verbessern, sie spielen auch eine wichtige Rolle, wenn man sie unter dem Aspekt der gesunden Ernährung betrachtet.

Die ätherischen Öle, bei allen Kräutern mit unter den wichtigsten Inhaltsstoffen, haben meist eine appetitanregende und verdauungsfördernde Wirkung, so dass sie dazu beitragen, die Speisen bekömmlicher zu machen. Nicht zufällig ist beispielsweise gerade Beifuß das klassische Gewürz für Gänsebraten, weil eine seiner Wirkungen darin besteht, gerade fette Gerichte leichter verdaulich zu machen.

Auch der Vitamin- und Mineraliengehalt vieler Kräuter darf trotz der geringen Mengen, in denen sie normalerweise verwendet werden, nicht unterschätzt werden. Gerade Kräuter, die man etwas großzügiger einsetzen kann, wie Petersilie, Schnittlauch, Brunnen- und Garten-

Schon das frische Grün von gehackter Petersilie, zum Abschluss über ein Gericht gestreut, erfreut das Auge und steigert den Appetit.

Auf der Fensterbank, am Balkon oder im Garten lassen sich die unterschiedlichsten Kräuter ganz einfach selbst ziehen.

kresse, können einige Lücken in der Ernährung schließen. Für den Liebhaber bestimmter Kräuter gibt es durchaus auch Rezepte, die eine starke Dosierung auch intensiverer Kräuter erlauben, um ihre heilende Wirkung zumindest unterstützend nützen zu können.

Mut zu Kräutern

Lange Zeit führten die Kräuter in den deutschen Küchen eher ein Schattendasein. Man war festgelegt auf bestimmte traditionelle Kombinationen – Bohnenkraut gehört zu Bohnen, mit Majoran würzt man Leberknödel, Blut- und Leberwurst, an den Gänsebraten kommt Beifuß, Dill verwendet man zum Einlegen von Gurken – und zeigte wenig Experimentierfreudigkeit. Außer der allgegenwärtigen Petersilie waren kaum Kräuter im Einsatz.

Mit der zunehmenden Internationalisierung und dem starken Einfluss der mediterranen Küchen ändert sich das langsam. Allerdings herrscht immer noch eine gewisse Vorsicht. Ungeschriebene Gesetze werden strikt befolgt (dieses Kraut passt zu diesem Gericht, jenes Kraut sollte nur sehr sparsam verwendet werden), und die Risikobereitschaft ist sehr gering. Dabei sind die meisten Küchenkräuter vielseitiger verwendbar und kombinierbar, als man gemeinhin annimmt. Natürlich ist nicht alles machbar, da manche Kräuter einen starken Eigengeschmack haben.

Auch bei der verwendeten Menge kann man manchmal neue Wege gehen. Wegen des deutlichen Geschmacks vieler Küchenkräuter wird meist zu einer sparsamen Verwendung geraten. Aber warum sollen nicht auch einmal die Kräuter die Hauptrolle in einem Gericht übernehmen, wenn sie sonst nur zur Verfeinerung eingesetzt werden? Allerdings ist dabei darauf zu achten, dass nicht

Einige Kräuter sind auch dazu geeignet, Salz und Pfeffer teilweise zu ersetzen, ohne dass der Geschmack darunter leidet.

jeder alle Kräuter mag. Besonders Kräuter mit einem etwas eigenen Geschmack, wie z. B. Estragon, Kerbel, Koriander oder Pfefferminze, werden sicherlich nicht von allen geschätzt, wenn sie in größeren Mengen verwendet werden.

Im Zweifelsfall immer frisch

Einige Kräuter eignen sich nur für die Verwendung in rohem Zustand, andere können mitgekocht werden, ohne ihre Würzkraft einzubüßen. Gesundheitlichen Nutzen aus ihren Inhaltsstoffen kann man allerdings nur im ersten Fall ziehen, da beim Mitgaren die meisten Inhaltstoffe an Wirkung verlieren.

Die Verwendung von frischen Kräutern ist in fast allen Fällen dem Würzen mit getrockneten Kräutern vorzuziehen. Natürlich ist es nicht immer möglich, bei kleineren Mengen frische Kräuter vorrätig zu haben. Greift man auf getrocknete Kräuter zurück, ist zu beachten, dass deren Würzkraft meist etwas stärker ist. Da in früheren Zeiten der Lieferant für Kräuter hauptsächlich der eigene Garten, Wald und Wiesen waren, wurden Kräuter meist frisch eingesetzt. Mit der Verbreitung der Kräuter, die bei uns nicht oder nicht mehr heimisch sind, kam die Hochzeit der getrockneten Kräuter.

In der heutigen Zeit ist mit einem wieder stärker werdenden Bewusstsein für eine gesunde Ernährung auch das Interesse an frischen Kräutern erwacht. Mit der Internationalisierung der Märkte, neuen Anbaumethoden und einem verbesserten Verkehrssystem wird dieser Bedarf problemlos durch Eigenproduktion und Importe gedeckt. Viele Menschen entdecken auch die Vorteile eines eigenen Kräutergartens. Viele Pflanzen gedeihen zudem völlig problemlos in Blumentöpfen auf dem Balkon.

In letzter Zeit sind auch Pasten in kleinen Gläschen im Handel erhältlich, bei denen die Kräuter erntefrisch verarbeitet und mit Öl haltbar gemacht werden. Sie kommen dem Geschmack von frischen Kräutern am nächsten.

Die Kräuter

In diesem Kapitel werden die Kräuter, die in den folgenden Rezepten dieses Buchs besonders häufig Verwendung finden ausführlicher dargestellt – ihre Herkunft, ihr Anbau und ihre Verwendung in der Küche.

Bärlauch
Allium ursinum

Bärlauch wird nicht kommerziell angebaut und ist deshalb meist nur lokal auf Märkten zu finden. Er wird nur frisch angeboten und verwendet. Man erkennt ihn an seinem leichten Knoblauchgeruch. Er ist vor allem in feuchten Laubwäldern zu finden.

In der Küche wird er oft als milder Ersatz für Knoblauch eingesetzt. Er kann mitgekocht oder frisch verwendet werden und eignet sich am besten für Saucen, Suppen, Salate und Gemüse. Da frischer Bärlauch deutlich schärfer wirkt, sollte er bei dieser Zubereitungsart nur sehr sparsam verwendet werden.

In der Volksmedizin und Homöopathie wird das Kraut des Bärlauchs bei Magen- und Darmstörungen, Bluthochdruck, Blähungen sowie als verdauungsförderndes und leicht antiseptisches Präparat verwendet.

Basilikum
Ocium basilicum

Das Lippenblütengewächs Basilikum stammt ursprünglich aus dem tropischen Indien, wo es eine mehrjährige Pflanze ist. Da es frostempfindlich ist und die deutschen Winter nicht überdauert, kann es aber bei uns nur einjährig angepflanzt werden. In den Mittelmeerländern Italien und Frankreich sowie in Südosteuropa wird es kommerziell angebaut.

Das Aroma des Basilikums wird meist als kräftig, frisch scharf-süß, pfeffrig-feurig oder angenehm beißend bezeichnet und erinnert an Thymian und Gewürznelken.

Augen auf beim Waldspaziergang: Gerade in der freien Natur nimmt man viele wild wachsende Kräuter oft gar nicht wahr.

Basilikum wird frisch als Schnittware oder oft auch als Topfpflanze und getrocknet angeboten. Die Blätter sind äußerst druckempfindlich und verwelken schnell. Beim Trocknen verlieren die Blätter ein wenig ihren feinwürzigen Geschmack und duften entfernt nach Minze.

Basilikum wird überwiegend nach Ende der Kochzeit zugegeben und ist in der mediterranen Küche weit verbreitet. Es passt ausgezeichnet zu Tomaten, Salaten und Nudelgerichten. Da es mit anderen Kräutern wie Salbei, Rosmarin und Bohnenkraut gut harmoniert, ist es aber in allen Bereichen vielseitig verwendbar.

Durch seinen Reichtum an Bitterstoffen regt Beifuß den Appetit sowie den Speichel-, Magensaft- und Gallenfluss an.

Beifuß
Artemisia vulgaris

Die wild wachsende Staude ist in Europa, in Asien und in Nordafrika beheimatet. Als Gewürz- und Küchenkraut wird Beifuß weltweit kultiviert.

Zum Würzen werden nur die Blütenrispen und jungen Blätter verwendet. Man schneidet sie kurz vor dem Öffnen der Blüten. Beifuß wird meist getrocknet oder gerebelt angeboten, da er seinen intensiven Geschmack auch in diesem Zustand behält. Er wird mitgekocht. Wie sein Synonym »Gänsekraut« schon sagt, wird Beifuß sehr oft bei Gänsebraten und anderen fetten Fleischgerichten verwendet. Auch an Aalsuppe gehört Beifuß. Weißkohl, Wirsing, Möhren, Rüben, Salate, Rohkost, Kartoffelsuppen und Saucen erhalten durch Beifuß einen pikanten Geschmack.

Bohnenkraut
Satureja hortensis

Heimisch ist das Bohnenkraut vom östlichen Mittelmeergebiet bis zum Iran, angebaut wird es in Mittel-, Süd- und Osteuropa.

Das Kraut wird kurz vor oder zu Beginn der Blüte geschnitten und frisch verkauft oder getrocknet. Zur Ernte werden die Blätter ab Mitte Juni nach und nach abgezupft. Getrocknete Blätter verlieren zwar nichts von ihrer Würzkraft, wohl aber von der Wirksamkeit ihrer Inhaltsstoffe.

Bohnenkraut kann mitgekocht werden und eignet sich für Suppen, Eintöpfe, Gemüsegerichte und Salate mit grünen Bohnen und Hülsenfrüchten sowie für Schweinefleisch. Das Winterbohnenkraut mit seinem besonders kräftigen Aroma gehört auch zu den typischen Provencekräutern. Bohnenkraut hat einen angenehmen, an Thymian oder Minze erinnernden, aber etwas schärferen, pfefferähnlichen Geruch und Geschmack. Magenempfindlichen wird Bohnenkraut oft als Ersatz für Pfeffer empfohlen, da es magenstärkend wirkt und hilft, schwere Speisen zu verdauen.

Borretsch
Borago officinalis

Borretsch gedieh ursprünglich auf den ärmeren Böden im östlichen Mittelmeerraum. Das Raublattgewächs wurde später in West-, Mittel- und Osteuropa eingeführt und ist bei uns auch unter dem Namen »Gurkenkraut« bekannt.

Gartenanbau findet nur in geringem Maß statt. Meist ist Borretsch als Gartenflüchtling an Hecken und Wegrändern zu finden. Von Juni bis September können die jungen Blätter laufend geerntet werden. Borretsch gelangt nur frisch in den Handel und muss rasch verbraucht werden, da die Blätter welken und nur sehr begrenzt lagerfähig sind.

Wegen seines gurkenähnlichen Geschmacks mit leichtem Zwiebelanklang ist Borretsch das ideale Gurken-

Borretsch ist reich an wertvollen Inhaltsstoffen wie Kalzium und anderen Mineralstoffen, Harz, Saponin, Stärke, organische Säuren und Vitamin C.

gewürz. Frisch wird er ferner zum Würzen von Salaten, Suppen, Kohlgemüsen, Mangold, Schwarzwurzeln, Kartoffeln und kalten Kräutersaucen verwendet.

Brunnenkresse
Nasturtium officinale

Brunnenkresse zeichnet sich durch einen hohen Gehalt an den Mineralstoffen Kalzium, Phosphor, Eisen und besonders Jod aus. Ebenfalls hoch ist der Gehalt an ätherischen Ölen sowie Provitamin A und Vitamin C.

Ursprünglich stammt das Kreuzblütengewächs vermutlich aus Südosteuropa und Westasien. Heute ist es wild wachsend in allen Erdteilen zu finden.

Die natürlichen Standorte der ausdauernden, wintergrünen Pflanze sind fließende Quellgewässer, Teiche und nasse Gräben mit einer Wassertemperatur von 8 bis 12 °C in Gebieten mit milden Wintern. Der kultivierte Anbau findet meist in kleineren Betrieben statt. Die wohl bedeutendsten Anbaugebiete dürften Dreibrunnen bei Erfurt und südlich von Paris sein. In Großbritannien, Belgien, den Niederlanden und USA wird Brunnenkresse ebenfalls kommerziell angebaut. In jüngster Zeit wird Brunnenkresse auch als Topfkultur im Gewächshaus produziert.

Brunnenkresse kommt nur frisch in den Handel und sollte auch nur frisch verwendet werden, da sie sehr reich an wichtigen Inhaltsstoffen ist. Am besten eignet sich Brunnenkresse für Salate. Der Geschmack der Blätter ist, bedingt durch ätherische Öle und Schwefelverbindungen, herb-pikant und senfartig scharf.

Dill
Anethum graveolens

Der Dill stammt aus Südeuropa, dem Mittelmeerraum und dem westlichen Asien. Heutzutage ist er über alle Erdteile verteilt. Das anspruchslose Kraut ist ein so genannter Kulturflüchtling, d. h., durch Samenausfall sät es sich an geeigneten Standorten selbst aus, über Garten-

und Ackergrenzen hinweg, und wird so zu einer Pflanze der Wildflora. Frische Dillblätter, die in allen Entwicklungsstadien der Dillpflanze gepflückt werden können, werden meist aus heimischer Herkunft ganzjährig im Handel angeboten.

Den stärksten Duft und das feinste Aroma haben die jungen Blätter, vor allem deren Spitzen. Im Handel ist Dill sowohl frisch als auch getrocknet erhältlich. Am bekanntesten ist Dill als Gewürz beim Einlegen von Gurken. Er harmoniert aber auch ausgezeichnet mit Quark, Mayonnaise, Remoulade und passt zu vielen Fischgerichten, Wurzelgemüse und Salaten.

Estragon
Artemisia dracunculus

Das Verbreitungsgebiet des Korbblütengewächses erstreckt sich von Russland über die Mongolei und Sibirien bis ins westliche Nordamerika. Im Mittelalter wurde es von den Arabern als Heil- und Gewürzpflanze verwendet und kam mit den Kreuzzügen nach Mitteleuropa. Vor allem in der französischen Küche hat es seit dieser Zeit große Bedeutung.

Estragon wird frisch und getrocknet gehandelt. Für den sofortigen Verbrauch können Blättchen vom Frühjahr bis zum Herbst geerntet werden. Er eignet sich vorzüglich zum Aromatisieren von Essig und Öl. Des Weiteren findet er Verwendung bei Gerichten mit hellem Fleisch, Geflügel, Fisch, Ragouts, Eierspeisen, Suppen, Salaten und Saucen.

Gartenkresse
Lepidium sativum

Ursprungsgebiete der Gartenkresse sind Nord- und Ostafrika sowie Südwestasien. Sie war schon bei den

An Sorten sind bei uns der robuste Sibirische Estragon und der empfindliche, aber wesentlich würzigere Französische Estragon bekannt.

Ägyptern beliebt und gelangte mit den Römern in die Länder nördlich der Alpen. Wirtschaftlich bedeutender Anbau findet in den Niederlanden, in Belgien, Frankreich, England und besonders in Dänemark, aber auch in Deutschland statt.

Ganzjährig frisch auf dem Markt, macht ihr Reichtum an Inhaltsstoffen die Kresse zu einer hochwertigen Nahrungsergänzung. Sie wirkt antibiotisch, appetitanregend, fördert die Blutbildung, den Magensaft- und Gallenfluss und ist hilfreich bei Frühjahrsmüdigkeit.

Kresse wird das ganze Jahr über frisch aus Freiland- oder Unterglasanbau angeboten, meist in kleinen Kartons mit etwa 250 Gramm Gewicht. Da sich die Keimpflänzchen hauptsächlich aus den Reserven des Samenkorns entwickeln, ist für das Wachstum keine Erde notwendig.

Kresse wird überwiegend frisch und roh verwendet. Sie hat einen kräftigen, etwas pikanten Geschmack, der entfernt an Rettich oder Senf erinnert. Neben Salaten passt Kresse gut zu Äpfeln und Zitrusfrüchten. Sie eignet sich zur Geschmacksverfeinerung von Suppen, Kartoffelgerichten, Dressings und Quarkspeisen.

Kerbel
Anthriscus cerefolium

Die Heimat des Kerbels ist Südosteuropa, Südrussland und Westasien. Angebaut wird Kerbel in ganz Europa, im Mittelmeerraum und in den USA.

Der Anbau von Kerbel findet nur lokal statt, wo ein direkter Absatz gewährleistet ist. Am aromatischsten ist Kerbel, wenn er als junges Kraut geerntet wird, das man nicht höher als zehn Zentimeter werden lässt, was ca. drei Wochen nach der Aussaat der Fall ist. Der nicht kälteempfindliche Kerbel kann von März bis Oktober im Freiland ausgesät werden. Auch Unterglasanbau ist möglich.

Das süßlich aromatische, zarte fenchelähnliche Aroma der Blätter ist auf ein Isoanethol enthaltendes ätherisches Öl zurückzuführen. Kerbel eignet sich zum Würzen von Suppen, Salaten, Fisch, Geflügel, Kalb, Käsespeisen, Saucen und Kräuterbutter.

Koriander
Coriandrum sativum

Der Koriander, ein Doldengewächs, stammt aus Nordafrika, Vorder- und Westasien. Er gehört zu den ältesten Gewürz- und Heilkräutern und ist schon seit Jahrtausenden in Ägypten, Indien und China bekannt. Im europäschen Bereich spielt er nach wie vor eine untergeordnete Rolle.

Der erdige, pfeffrige Geschmack von Koriander wird oft zur Abrundung von Currygerichten eingesetzt. Auch in Salaten findet er Verwendung. Neben den asiatischen Ländern ist Koriander auch häufig in den Küchen Mittel- und Südamerikas zu finden.

Liebstöckel
Levisticum officinale

Liebstöckel enthält überdurchschnittlich viel Karotinoide und Vitamin E und unterstützt damit das Immunsystem.

Die Heimat des Liebstöckels dürfte der Iran sein, doch ist die Pflanze schon lange in Europa eingebürgert. Heute wächst Liebstöckel an den Hängen der europäischen Mittelgebirge und in den küstennahen Gebieten Südeuropas.

Die Pflanze bevorzugt einen nährstoffreichen Boden und Halbschatten. Einen Großanbau gibt es in der Bundesrepublik nicht. Der Bedarf an Liebstöckel wird durch Gartenanbau gedeckt. Die Blätter des Liebstöckels können für den Sofortverbrauch jederzeit gepflückt werden. Die beste Sammelzeit ist allerdings während der Blüte.

Liebstöckel hat einen würzigen, süßlich bitteren Geschmack, der entfernt an Sellerie erinnert. Wegen seines intensiven Geschmacks sollte er nur sparsam eingesetzt werden. Die Blätter behalten auch bei längerer Kochzeit ihre Würzkraft. Verwendung findet Liebstöckel vor allem bei Brühen, gekochten oder gedünsteten Fleischgerichten und Eintopfgerichten.

Majoran
Origanum majorana

Die Heimat von Majoran ist Nordafrika, das östliche Mittelmeer und Südwestasien. Angebaut wird er in allen Ländern der gemäßigten Klimazone der nördlichen Hemisphäre, in geringem Umfang auch in Deutschland.

Majoran findet man frisch und getrocknet. Die Ernte erfolgt im Juni und Juli, kurz vor der Blüte. Die beste Tageszeit dafür ist der frühe Morgen oder der Spätnachmittag, weil die Pflanzen dann den höchsten Ölgehalt aufweisen. Bei günstiger Witterung ist noch eine zweite Ernte im Herbst möglich.

Majoran ist ein vielseitig einsetzbares Würzkraut. In der deutschen Küche ist er vor allem auch als das typische Gewürz für Blut- und Leberwurst bekannt. Er passt gut zu Innereien, Hackfleisch, Fleischfüllungen, Schweine-, Wild- und Geflügelbraten, Eintöpfen, Rahmsaucen, Kartoffeln und Hülsenfrüchten.

Die bedeutendsten Anbauländer für Oregano sind Italien, Spanien und die USA.

Oregano
Origanum vulgare

Oregano ist ein naher Verwandter des Majorans, worauf auch die früher häufig verwendete Bezeichnung »Wilder Majoran« hindeutet. Der Lippenblütler ist in ganz Europa, Kleinasien, Nordafrika, im Iran, im Himalaja und in Sibirien beheimatet. Im nordöstlichen Amerika ist er eingebürgert.

Oregano ist weniger wärmebedürftig als der kultivierte Majoran. Das anspruchslose Gewächs ist vor allem auf kalkhaltigem Boden an Weg- und Waldrändern, auf sonnigem Ödland sowie trockenen und steinigen Abhängen zu finden.

Oregano hat auch getrocknet eine starke Würzkraft und wird vielfach in diesem Zustand verwendet. Er hat einen angenehm würzigen Duft und einen eigenartig herb-pfeffrigen, leicht bitteren Geschmack. Italien besitzt nicht nur die aromatischsten Pflanzen, es setzt das Kraut auch am vielseitigsten ein. Oregano ist das klassische Pizzagewürz. Weitere Verwendung findet er bei Pasta, Tomatengerichten, Braten und geschmorten Gemüsen.

Petersilie

Petroselinum crispum

Das Doldengewächs Petersilie stammt ursprünglich aus dem südöstlichen Mittelmeergebiet. Heute wird sie im Freiland und unter Glas weltweit angebaut. Als verwilderter Kulturflüchtling ist die Petersilie in ganz Europa zu finden.

Petersilie gibt es in glatter und krauser Form. Die Blätter der glatten Petersilie sind aromatischer, die der krausen haltbarer und etwas hitzebeständiger. Wegen der wertvollen Inhaltsstoffe wird sie vorzugsweise im rohen Zustand verwendet. Petersilie ist wohl das am meisten eingesetzte Kraut in deutschen Küchen. Es fehlt in keinem Garten und ist das ganze Jahr über frisch erhältlich. Deshalb wird es auch wenig in getrocknetem Zustand verwendet. Petersilie ist universell einsetzbar.

Pfefferminze

Mentha x piperita

Das ursprüngliche Verbreitungsgebiet der Pfefferminze ist die nördliche gemäßigte Klimazone vom Mittelmeer bis Nordeuropa.

Die Petersilie ist nicht nur in ihrer Verwendung vielseitig, sie nimmt auch unter dem gesundheitlichen Aspekt eine Sonderstellung unter den Gewürzen ein.

Neben der berühmten englischen »mint sauce« findet Pfefferminze als Gewürz vor allem im nordafrikanischen und im östlichen Mittelmeerraum Verwendung. Sie passt hervorragend zu Lamm, Hammel, Geflügel, Leber und Gemüse. Da Pfefferminze einen sehr eigenen, kräftigen Geschmack hat, sollte sie nur sparsam verwendet werden.

Rosmarin
Rosmarinus officinalis

Die Heimat des Rosmarins ist Italien und andere Mittelmeerländer, wo er sowohl in Küstengebieten als auch in der Macchia in trockenen Lagen und an steinigen Hängen wächst. Kommerziell angebaut wird Rosmarin in vielen Ländern der gemäßigten Klimazone, so auch in der Bundesrepublik.

Die Triebe des Rosmarins werden von April bis Herbstanfang geschnitten. Um den »Tannennadeleffekt« zu vermeiden, ist es am besten, bei der Verwendung von frischem Rosmarin den ganzen Zweig mitzugaren und vor dem Servieren wieder zu entfernen. Bei der Verwendung von getrockneten Blättern ist zu beachten, dass sie schärfer und bitterer schmecken als frischer Rosmarin.

Als Gewürz spielt Rosmarin vornehmlich in der französischen und italienischen Küche eine Rolle. Er wird bei allen Fleischgerichten, Geflügel, Pasta, Reis, Kartoffeln, Pilzen, Tomaten, Auberginen und Zucchini eingesetzt.

Salbei
Salvia officinalis

Salbei ist eines der ältesten Heil- und Gewürzkräuter im europäischen Raum. Zu Hause ist er seit alters in den Mittelmeerländern, wo er an sonnigen, kargen Berghängen wild wachsend zu finden ist.

Rosmarin enthält eine Vielzahl an ätherischen Ölen, vor allem Borneol, Cineol, Kampfer und Pinen. An Mineralstoffen fallen Kalzium und Eisen besonders auf.

Angebaut wird Salbei in ganz Europa, auch bei uns. Die zarten graugrünen Blätter können während des gesamten Sommers geerntet werden. Man schneidet die oberen Triebe, die anschließend nachwachsen, so dass mehrere Ernten pro Jahr möglich sind. Die beste Erntezeit ist kurz vor der Blüte, wenn die Blätter das meiste Aroma haben.

Salbei wird frisch oder getrocknet verwendet und entfaltet sein Aroma am stärksten, wenn er mitgekocht wird. Er eignet sich für die Verwendung bei Fleisch, Geflügel, Fisch, Gemüse, Pasta und Reisgerichten.

Schnittlauch

Allium schoenoprasum

Neben Petersilie ist Schnittlauch wohl das Gewürzkraut, das man am häufigsten in deutschen Gärten finden kann. Ursprünglich stammt der Schnittlauch wohl aus Zentralasien. Er ist an feuchten, kalkhaltigen Standorten in ganz Europa, Asien und Nordamerika bis in arktische Gebiete zu finden.

Die Freilandernte findet von Mai bis Oktober statt. Die Belieferung erfolgt meist aus marktnahen Kleinbetrieben. Da die abgeschnittenen Blätter rasch nachwachsen, sind mehrere Ernten pro Jahr möglich.

Schnittlauch sollte nur frisch im rohen Zustand verwendet werden. Als universelles Küchenkraut passt er praktisch zu allem, was auch mit Zwiebeln gewürzt werden kann.

Thymian

Thymus vulgaris

Thymian ist ein Lippenblütengewächs, das von der Felsenküste und der trockenen Macchia der Mittelmeerländer stammt.

Den zwiebelähnlichen Geschmack verdankt Schnittlauch seinem hohen Anteil an Lauch- und Senföl. Sein hoher Vitamin-C-Gehalt macht ihn besonders im Winter und Frühjahr zu einem begehrten Gewürz.

Thymian wird in geringen Mengen auch in Deutschland kommerziell angebaut. Der erste Schnitt erfolgt kurz vor der Blüte. Ein zweiter Schnitt ist im August oder September möglich. In der Blütezeit von Juni bis September verbreitet der Thymian seinen intensiven, charakteristischen Duft. Die rosa bis weißen Blüten erscheinen in üppigen Scheinquirlen. Es gibt sowohl frostempfindliche Sorten, wie den französischen Thymian, wie auch winterharte.

Thymian enthält mehrere ätherische Öle, vor allem das stark antiseptisch und konservierend wirkende Thymol sowie Karvakrol und Zymol. Weitere Inhaltsstoffe sind Eisen, organische Säuren, Flavonoide, Gerbstoffe und Bitterstoffe.

Thymian wird frisch und in gerebelter oder getrockneter Form verwendet. Wie Rosmarin und Salbei wird er vor allem für aus dem Mittelmeerraum stammende Gerichte mit südlicher Geschmacksrichtung allein oder in Kombination mit diesen verwendet. Besonders gut passt er zu Knoblauch, Oliven, Tomaten, Hülsenfrüchten, Kartoffeln, Wild, Lamm und Wein. Das Aroma des Thymians bleibt auch bei längerem Kochen erhalten.

Ysop
Hyssopus officinalis

Das ausdauernde immergrüne Kraut stammt aus Südwestasien und Südeuropa. Das anspruchslose Lippenblütengewächs gedeiht an sonnigen Standorten auf steinigen, kalkhaltigen Böden. Ysop wird gelegentlich auf lokalen Märkten frisch angeboten und ist auch getrocknet erhältlich.

Den Geschmack von Ysop kann man als herb, etwas bitter und minzartig beschreiben. Er wurde früher besonders als Mittel gegen Erkältungen geschätzt.

Für den Frischverbrauch werden die jungen Blätter und Triebe verwendet. Fein gehackt dienen sie zur Verfeinerung von Bohnen-, Sellerie-, Tomaten- und Fleischsalaten, Ragouts, Rouladen, Leberknödeln und Kartoffelgerichten.

Zitronengras

Cymbopogon citratus

Das Zitronengras ist in Südindien und Sri Lanka beheimatet. Angebaut wird es in Indien, Sri Lanka, Indonesien, China, Guatemala, Brasilien und Haiti.
Die zur Familie der Gräser gehörende bis zu einem Meter hohe Staude ist ein mehrjährige Gewächs. Für den Handel, der bei uns hauptsächlich mit Importen aus Südostasien gedeckt wird, wird Zitronengras bei einer Höhe von 20 bis 30 Zentimetern geerntet. Verwendet wird hauptsächlich das zwiebelartig verdickte weiße untere Ende, weniger das Blattgrün. Es wird vor allem für asiatische Gerichte eingesetzt. Es wird roh fein geschnitten oder in größeren Stücken mitgekocht.

Zitronenmelisse

Melissa officinalis

Die Melisse ist in Kleinasien und dem östlichen Mittelmeergebiet beheimatet. Mit den Arabern kam sie nach Spanien und breitete sich von dort bis nach Mitteleuropa aus. Wild wächst sie heute noch in Südeuropa und Nordafrika.
Angebaut wird sie nur in Haus- und Kleingärten. In größerem Umfang wird sie in Italien, Spanien und den Balkanländern kultiviert. Einzelne frische Blätter können vom Frühjahrsaustrieb an gepflückt werden. Die Haupternte ist vor der Blütezeit.
Melisse sollte nur wenig geschnitten oder gehackt verwendet werden, damit nicht zu viel Duft und Geschmack verloren geht. Zum Mitgaren eignet sich das Kraut nicht. Zitronenmelisse verfeinert Salate, Rohkostspeisen, Eiergerichte, Pilzgerichte und kann zum Würzen von Wild- und Fischgerichten verwendet werden.

Auch die Volksmedizin und die Wissenschaft schätzen die vielseitigen Einsatzmöglichkeiten der Melisse. Ihr werden allgemein belebende und nervenberuhigende Eigenschaften zugesprochen.

Vorspeisen, Suppen und Salate

Kräuter haben überall ihren Platz in der Speisenfolge, so auch am Beginn einer Mahlzeit, in der Vorspeise oder Suppe. Das gilt auch für die Salate, die sich an den Anfang eines Menüs stellen lassen, aber ebenso als Zwischengericht, als Beilage oder als eigenständige Mahlzeit geeignet sind. Auch im Sommer, wenn man sich gerne einmal mit einer kleinen Mahlzeit begnügt, kann man auf die folgenden Rezepte zurückgreifen. Die Frische der Kräuter ist dann besonders willkommen.

Parmesanpuffer

Zutaten für 4 Portionen

100 g Parmesan · 100 g Pecorino · 1/2 Bund Petersilie 2 Zweige Thymian · 1/2 Bund Schnittlauch · edelsüßes Paprikapulver · schwarzer Pfeffer

1 Den Käse grob reiben. Petersilie- und Thymianblättchen hacken. Den Schnittlauch in Röllchen schneiden. Alle Zutaten miteinander vermischen und mit Paprikapulver und Pfeffer würzen.

2 Eine beschichtete Pfanne erhitzen. 1 Esslöffel der Käsemischung in die Pfanne geben, Puffer von 5 Zentimeter Durchmesser formen und leicht zusammendrücken.

3 Die Puffer bei mittlerer Hitze etwa 2 Minuten braten, dann vorsichtig wenden. Nach weiteren 2 Minuten herausnehmen, auf Küchenpapier etwas abkühlen lassen.

Zubereitungszeit: 20 Minuten

**207/866 kcal/kJ
17 g Eiweiß
15 g Fett
0 g Kohlenhydrate**

Amerikanisches Gebäck, einmal anders: pikante Gemüsemuffins (Rezept siehe Seite 25).<Keines>

Garnelencocktail

**Zubereitungs-
zeit: 45 Minuten**

**238/996 kcal/kJ
17 g Eiweiß
16 g Fett
4 g Kohlen-
hydrate**

Zutaten für 4 Portionen
2 Schalotten • 200 g Zuckerschoten • 1 EL Öl • 2 EL Weißwein
2 EL Hühnerbrühe • 300 g gekochte, geschälte Garnelen
2 EL Sherryessig • 4 EL Olivenöl • Salz, schwarzer Pfeffer
1/2 Bund Dill • 1 Kopf Eichblattsalat

1 Die Schalotten abziehen und würfeln. Die Zuckerschoten putzen und schräg in Stücke schneiden.

2 Öl erhitzen, die Schalotten darin glasig dünsten, die Zuckerschoten zugeben, mit Wein und Hühnerbrühe aufgießen, salzen und 5 Minuten garen, bis die Flüssigkeit verdampft ist. Mit den Garnelen vermischen.

3 Sherryessig, Olivenöl, Salz und Pfeffer verrühren. Den Dill hacken, in die Sauce geben und unter die Garnelen ziehen. 30 Minuten im Kühlschrank durchziehen lassen.

4 Den Salat waschen und vier Schälchen mit den Blättern auslegen. Den Garnelencocktail darauf geben und mit Weißbrot servieren.

Gefüllte Sardinen

**Zubereitungs-
zeit: 35 Minuten**

**343/1438 kcal/kJ
30 g Eiweiß
16 g Fett
20 g Kohlen-
hydrate**

Zutaten für 4 Portionen
400 g Sardinen • 2 Knoblauchzehen • 1 Bund Basilikum
1/2 Bund Oregano • 100 g Semmelbrösel • 50 g geriebener
Parmesan • 2 EL Olivenöl • 1 EL Zitronensaft • Salz, Pfeffer

1 Die Köpfe von den Sardinen entfernen. Die Fische an der Bauchseite aufschneiden, von den Innereien befreien und gründlich waschen.

2 Die Knoblauchzehen abziehen und durchpressen. Die Blätter der Kräuter abzupfen und hacken.
3 Semmelbrösel, geriebenen Parmesan, Knoblauch, Basilikum und Oregano zusammen mit 1 Esslöffel Olivenöl gut vermischen.
4 Die Sardinen mit der Hautseite nach unten auslegen, mit Zitronensaft beträufeln und mit Salz und Pfeffer würzen. Mit der Kräutermasse bestreichen und quer zusammenklappen.
5 Eine Auflaufform mit dem restlichen Olivenöl fetten und die gefüllten Sardinen bei 180 °C (Gas Stufe 2–3) 12 Minuten im Ofen garen.

Pikante Gemüsemuffins

Zutaten für 12 Stück
2 Möhren • 1 Süßkartoffel • 1 Bund Thymian • 250 g Mehl
4 TL Backpulver • 1 TL Curry • 125 g geriebener Käse • Oregano • Salz, schwarzer Pfeffer • 90 g Butter • 1 Ei • 180 ml Milch

Zubereitungszeit: 50 Minuten

196/819 kcal/kJ
7 g Eiweiß
11 g Fett
18 g Kohlenhydrate

1 Möhren und Süßkartoffel schälen und raspeln. Die Thymianblättchen hacken.
2 Mehl, Backpulver und Curry in eine Schüssel sieben. Möhren, Süßkartoffel, Käse, Thymian, Oregano, Salz und Pfeffer hinzugeben und miteinander vermischen. Eine Mulde in die Mitte drücken.
3 Die Butter zerlassen und eine Muffinform mit etwas Butter auspinseln. Den Rest mit Ei und Milch verrühren und in die Mehlmulde geben.
4 Die Zutaten mit einem Holzlöffel zu einem lockeren Teig verarbeiten und in die Form füllen. Im Ofen bei 180 °C (Gas Stufe 2–3) 25 Minuten backen.

Miesmuscheln mit Kräuterbutter überbacken

Zubereitungs-zeit: 45 Minuten

**581/2437 kcal/kJ
13 g Eiweiß
48 g Fett
16 g Kohlen-hydrate**

Zutaten für 4 Portionen

1 kg Miesmuscheln • 1 Zwiebel • 1 Knoblauchzehe • 5 EL Olivenöl • 1 Zweig Thymian • 200 ml Weißwein • 4 EL Semmelbrösel • 150 g Butter • 1 Bund Basilikum • 1/2 Bund Petersilie 1/2 Bund Kerbel • 1 TL abgeriebene Zitronenschale • Salz, Pfeffer • 1/2 Kopf Friséesalat • 1 EL Weißweinessig • 1 EL Zitronensaft • 1/2 Kästchen Kresse

Frische Muscheln sollte man möglichst schnell verwerten. In einem Behälter mit einem feuchten Tuch bedeckt, können sie im Kühlschrank höchstens drei Tage aufbewahrt werden.

1 Die Muscheln gründlich abbürsten und waschen, geöffnete Exemplare nicht verwenden.

2 Zwiebel und Knoblauchzehe abziehen und würfeln. 2 Esslöffel Olivenöl in einem Topf erhitzen und Zwiebel und Knoblauch darin andünsten.

3 Die Muscheln und den Thymian zugeben, mit Weißwein und 100 Milliliter Wasser aufgießen und bei starker Hitze zugedeckt etwa 5 Minuten garen, bis sich die Muscheln geöffnet haben.

4 Die Muscheln in ein Sieb abgießen. Nicht geöffnete Exemplare wegwerfen.

5 Die Semmelbrösel in 2 Esslöffeln Butter leicht anbräunen. Die restliche Butter schaumig schlagen und die Semmelbrösel unterziehen.

6 Die Kräuter waschen, die Blätter abzupfen und hacken. Mit der Zitronenschale zur Butter geben. Mit Salz und Pfeffer würzen.

7 Das Muschelfleisch vorsichtig aus den Schalen lösen. Die Hälfte der Schalen mit der Kräuterbutter ausreiben, die Muscheln wieder hineingeben und mit einer dünnen Schicht Kräuterbutter überziehen.

8 Die Muscheln auf ein Backblech legen und bei

200 °C (Gas Stufe 3–4) im Ofen 5 Minuten über- backen.

9 Den Salat waschen, trockenschleudern, die Blätter klein zupfen und auf vier Teller verteilen. Das restliche Olivenöl, Essig und Zitronensaft zu einer Vinaigrette ver- rühren, mit Salz und Pfef- fer abschmecken und den Salat damit beträufeln.

10 Die Muscheln auf die Friséeblätter setzen und mit Kresse garnieren.

Gebeizter Lachs mit Dillvinaigrette

Zutaten für 6 bis 8 Portionen
1 Orange • 1 Zitrone • 2 Bund Dill • 1 Lachsseite • 5 EL Oliven- öl • 1 TL grobes Meersalz • 1 TL geschroteter schwarzer Pfeffer • 1 kleine Zwiebel • 1 EL Dijonsenf • 2 EL Zitronensaft Salz, weißer Pfeffer

Zubereitungs- zeit: 30 Minuten (plus 2 Tage zum Beizen)

241/1008 kcal/kJ
21 g Eiweiß
16 g Fett
4 g Kohlen- hydrate

1 Orange und Zitrone in dünne Scheiben schnei- den. 1 Bund Dill grob hacken.

2 Den Lachs auf der Fleischseite mit 1 Esslöf- fel Olivenöl einpinseln, mit Meersalz, Pfeffer und Dill bestreuen und mit den Zitrusfruchtscheiben belegen. In Frischhaltefo- lie einwickeln und 2 Tage zum Beizen in den Kühl- schrank legen.

3 Für die Vinaigrette das zweite Bund Dill fein hacken. Die Zwiebel ab- ziehen und klein würfeln. Senf, Zitronensaft und restliches Olivenöl ver- rühren. Dill und Zwiebel unterheben. Mit Salz und Pfeffer würzen.

4 Den Lachs von den Beizzutaten säubern, schräg mit einem Lachs- messer vom Schwanzende her in möglichst dünne Scheiben schneiden und auf Tellern anrichten. Mit etwas Dillvinaigrette gar- nieren und servieren.

Hähnchenspieße in Minze mariniert

**Zubereitungs-
zeit: 40 Minuten
(plus 4–6 Stun-
den zum
Marinieren)**

**269/1125 kcal/kJ
25 g Eiweiß
16 g Fett
5 g Kohlen-
hydrate**

Zutaten für 4 Portionen
*1 Bund Minze • 2 Knoblauchzehen • 2 EL Zitronensaft
5 EL Olivenöl • Salz, Pfeffer • 400 g Hähnchenbrust • 1 Kopf
Lollo Rosso • 1 Bund glatte Petersilie • 12 Cocktailtomaten
2 EL Weißweinessig*

1 Die Minzeblätter abzupfen und hacken. Die
Knoblauchzehen abzie-
hen und durchpressen.
2 Für die Marinade Minze, Knoblauch und Zitro-
nensaft mit 2 Esslöffeln
Olivenöl gut verrühren
und mit Salz und Pfeffer
würzen.

3 Die Hähnchenbrust in
1 1/2 Zentimeter große
Würfel schneiden, in der
Minzsauce wenden und
4 bis 6 Stunden im Kühl-
schrank marinieren.
4 Danach das Fleisch auf
Holzspießchen stecken
und jede Seite 3 Minuten
grillen.

*Exotisch und
köstlich: Hähn-
chenspieße mit
frischer Minze
bringen Abwechs-
lung auf den Grill.*

5 Lollo Rosso und Petersilie waschen und trockenschleudern. Den Salat klein zupfen und mit den Petersilienblättchen vermischen. Die Cocktailtomaten waschen, vierteln und zum Salat geben.

6 Den Salat auf einer Platte anrichten. Mit Weißweinessig und dem restlichen Olivenöl beträufeln. Die marinierten Hähnchenspieße auf dem Salatbett verteilen und servieren.

Auberginen in Chermoula

Zutaten für 4 Portionen

*1 kg Auberginen • Salz • 4 Knoblauchzehen • 200 ml Öl
1 Bund Koriander • 1/2 Bund Minze • 2 TL Kreuzkümmel
1 TL Kardamom • 1 TL Piment • Cayennepfeffer • 3 EL Zitronensaft • 3 EL Olivenöl*

Zubereitungszeit: 1 Stunde und 40 Minuten

**371/1556 kcal/kJ
4 g Eiweiß
35 g Fett
10 g Kohlenhydrate**

1 Die Auberginen waschen, in 1 Zentimeter dicke Scheiben schneiden, salzen und 15 Minuten ziehen lassen. Mit Küchenpapier trockentupfen.

2 Die Knoblauchzehen abziehen. Das Öl in einer Pfanne erhitzen, 2 Knoblauchzehen ganz hineingeben und die Auberginen auf beiden Seiten portionsweise goldbraun braten. Auf Küchenpapier abtropfen lassen.

3 Für die Chermoula die Kräuter fein hacken und die verbliebenen Knoblauchzehen durchpressen. Mit den Gewürzen, Zitronensaft und Olivenöl gründlich vermischen. Mit Salz abschmecken.

4 Die Auberginen in einer Form oder flachen Schüssel auslegen, mit der Chermoula bestreichen und etwa 1 Stunde an einem kühlen Ort ziehen lassen. Bei Zimmertemperatur servieren.

Lammterrine mit Estragonsauce

Zubereitungs-
zeit: 1 Stunde

574/2409 kcal/kJ
33 g Eiweiß
45 g Fett
10 g Kohlen-
hydrate

Zutaten für 4 Portionen

*300 g Tomaten · 7 Blatt Gelatine · 600 ml Gemüsebrühe
1 Lorbeerblatt · 1 EL Zitronensaft · Salz, Pfeffer · 300 g kleine
Möhren · 300 g grüne Bohnen · 6 Lammfilets · 2 EL Öl
1/2 Bund Minze · 1 Bund Estragon · 1 Eigelb · 2 TL Senf
100 ml Öl · 5 EL Sahne · 2 EL Estragonessig*

1 Die Tomaten vom Stielansatz befreien, an der Unterseite kreuzweise einschneiden und 1 Minute blanchieren. Abgießen, abschrecken, abziehen, vierteln, entkernen und würfeln.

2 Die Gelatine in etwas kaltem Wasser einweichen. Die Gemüsebrühe mit Tomatenschalen und Lorbeerblatt aufkochen, absieben und abkühlen lassen. Gelatine ausdrücken und in der lauwarmen Brühe auflösen. Mit Zitronensaft, Salz und Pfeffer würzen.

3 Möhren und Bohnen waschen, putzen und getrennt bissfest in leicht gesalzenem Wasser blanchieren. Die Lammfilets in heißem Öl bei mittlerer Hitze in 8 Minuten rosa braten.

4 Die Blätter der Minze abzupfen und in feine Streifen schneiden. Wenn die Gelatine die Konsistenz von Eiweiß hat, die Minze unterheben.

5 Eine Terrinenform von 1 Liter Inhalt mit Frischhaltefolie auslegen und mit etwas Gemüsegelatine ausgießen.

6 Das Gemüse klein schneiden, mit den Tomatenwürfeln vermischen, die Hälfte in der Form verteilen und mit einem Teil der Brühe auffüllen. Darauf erst die Lammfilets, dann das restliche Gemüse legen und mit der verbliebenen Brühe begießen. Abdecken und über Nacht kalt stellen.

Frischer Estragon hält sich im Kühlschrank zwei Tage, wenn Sie ihn mit etwas Wasser besprühen und in einen locker verschlossenen Frischhaltebeutel legen.

7 Für die Sauce die Estragonblätter fein hacken. Das Eigelb mit Senf, Öl, Salz und Pfeffer gut verrühren. Die Sahne halbfest schlagen und zusammen mit Estragonessig und gehacktem Estragon unter das Eigelb heben. Kühl stellen.
8 Die Terrine kurz in heißes Wasser halten, aus der Form stürzen und die Folie abziehen. In Scheiben schneiden und mit der Sauce servieren.

Rosmarinsuppe mit Geflügelleber und Champignons

Zutaten für 4 Portionen

750 ml Hühnerbrühe • 400 g Sahne • 3 Zweige Rosmarin 1 Knoblauchzehe • Salz • Cayennepfeffer • 200 g Champignons • 200 g Geflügelleber • 2 EL Öl • 1 EL Marsala

Zubereitungszeit: 25 Minuten

**430/1803 kcal/kJ
14 g Eiweiß
39 g Fett
7 g Kohlenhydrate**

1 Hühnerbrühe und Sahne mit 2 Rosmarinzweigen aufkochen.
2 Die Knoblauchzehe abziehen, durchpressen und in die Flüssigkeit geben. Mit Salz und Cayennepfeffer würzen und 20 Minuten bei schwacher Hitze kochen.
3 Die Champignons putzen und blättrig schneiden. Die Geflügelleber in Streifen schneiden.
4 Das Öl erhitzen. Champignons und Leberstreifen darin in 5 Minuten bei mittlerer Hitze gar dünsten. Mit Salz würzen.
5 Die Nadeln vom verbliebenen Rosmarin abzupfen und sehr fein hacken.
6 Die Rosmarinzweige aus der Brühe nehmen und die Suppe mit gehacktem Rosmarin und Marsala würzen.
7 Champignons und Leber auf vier Teller verteilen und mit der Suppe aufgießen.

Fischsuppe mit Kresse

Zubereitungszeit: 1 Stunde und 15 Minuten

**434/1819 kcal/kJ
29 g Eiweiß
27 g Fett
8 g Kohlenhydrate**

Zutaten für 4 Portionen

1 kg gemischte Fische (wie Steinbutt, Goldbarsch, Seelachs, Knurrhahn) • 500 g Fischabfälle (Gräten, Köpfe) • 1 Schalotte • 50 g Lauch • 1 Stange Staudensellerie • 50 g Petersilienwurzel • 2 EL Butter • 200 ml Weißwein • 1 Lorbeerblatt • 1 Zweig Thymian • einige weiße Pfefferkörner 1 kleine Zwiebel • 1 Knoblauchzehe • 250 g Möhren 1 Fenchelknolle • 2 EL Olivenöl • 2 EL Wermut • 150 g Sahne Salz, weißer Pfeffer • 2 Kästchen Kresse

Kresse können Sie problemlos auf Ihrer Fensterbank ziehen. Streuen Sie die Samen auf mehrere Lagen gut durchfeuchtetes Küchenpapier, und halten Sie sie mit einem Wassersprüher feucht. Bereits nach fünf bis sechs Tagen können Sie die Keime ernten.

1 Die Fische schuppen, ausnehmen, gründlich waschen, von Kopf und Flossen befreien, filetieren und häuten.

2 Die Kiemen aus den Köpfen entfernen und die restlichen Abfälle gut abspülen.

3 Die Schalotte abziehen und fein hacken. Lauch, Sellerie und Petersilienwurzel putzen und klein schneiden.

4 Die Butter in einem Topf erhitzen und die Fischreste darin andünsten. Das Gemüse zugeben und mitgaren. Mit Weißwein ablöschen und mit 1 1/4 Liter kaltem Wasser aufgießen.

5 Die Gewürze zugeben, die Suppe aufkochen und abschäumen. 30 Minuten bei schwacher Hitze ziehen lassen und dann durch ein Passiertuch abgießen.

6 In der Zwischenzeit Zwiebel und Knoblauch abziehen und würfeln. Möhren und Fenchel schälen bzw. putzen und in Stifte schneiden. Die Fischfilets in mundgerechte Stücke schneiden.

7 Wenn die Brühe fertig ist, das Öl in einem Suppentopf erhitzen. Zwiebel und Knoblauch darin glasig dünsten, Möhren und Fenchel zugeben und kurz mitbraten. Mit der Brühe aufgießen und 10 Minuten kochen.

8 Wermut und Sahne einrühren, die Fischstücke hinzufügen und 5 Minuten bei schwacher Hitze garen lassen. Mit Salz und Pfeffer abschmecken.

9 Die Kresse mit einer Schere abschneiden und 2/3 davon in die Suppe geben.

10 Die Suppe auf vier Teller verteilen, mit der restlichen Kresse bestreuen und servieren.

Kerbelsuppe

Zutaten für 4 Portionen

200 g Kartoffeln • 200 g Lauch • 1 kleine Zwiebel
2 EL Butter • 900 ml Gemüsebrühe • 150 g Sahne
Salz, Pfeffer • 2 Bund Kerbel

Zubereitungszeit: 1 Stunde

250/1052 kcal/kJ
4 g Eiweiß
22 g Fett
11 g Kohlenhydrate

1 Die Kartoffeln schälen und in Würfel schneiden. Den Lauch putzen, waschen und in Ringe schneiden. Die Zwiebel abziehen und fein würfeln.

2 Die Butter in einem Suppentopf erhitzen. Zwiebelwürfel darin glasig dünsten. Lauch und Kartoffeln zugeben und wenden, bis sie mit Fett überzogen sind.

3 Das Gemüse mit der Brühe aufgießen und zugedeckt 35 Minuten kochen. Mit einem Mixstab pürieren.

4 Die Sahne in die Suppe geben und nochmals aufkochen. Mit Salz und Pfeffer abschmecken.

5 Die Kerbelblätter abzupfen und hacken. In die Suppe geben, nochmals pürieren und sofort servieren.

TIPP Verfeinern Sie die Suppe, indem Sie vor dem Servieren einige Brotcroûtons darüber streuen.

Asiatische Hühnerbrühe mit Zitronengras und Koriander

Zubereitungs-zeit: 2 Stunden und 40 Minuten

**544/2275 kcal/kJ
48 g Eiweiß
34 g Fett
11 g Kohlen-hydrate**

Zutaten für 4 Portionen

2 Möhren • 1 Petersilienwurzel • 1 Stange Lauch • 1/4 Knolle Sellerie • 30 g Ingwerwurzel • 1 Zwiebel • 1 Suppenhuhn 4 getrocknete Shiitakepilze • 2 Stangen Staudensellerie 4 Lauchzwiebeln • 2 Stängel Zitronengras • 1 Schalotte 2 EL Öl • 2 getrocknete Chilischoten • 200 g Sojabohnen-sprossen • 1 EL Sojasauce • 1 TL Sesamöl • Salz, Pfeffer 1 Bund Koriander

1 Möhren, Petersilien-wurzel, Lauch und Selle-rie putzen, schälen und grob würfeln. Den Ingwer schälen und in Scheiben schneiden. Die Zwiebel ungeschält vierteln. Das Suppenhuhn sehr gründ-lich waschen.

2 Diese Zutaten in einem großen Topf mit ca. 2 Li-ter kaltem Wasser aufset-zen, aufkochen, abschäu-men und 2 Stunden bei schwacher Hitze ziehen lassen. Die Brühe durch ein Sieb passieren.

3 Die Shiitakepilze 15 Minuten einweichen, ausdrücken und in Strei-fen schneiden. Stauden-sellerie in Scheiben,

Lauchzwiebeln und Zi-tronengras in Ringe schneiden.

4 Die Schalotte abziehen, würfeln und im Öl glasig dünsten. Pilze, Sellerie, Lauchzwiebeln, Zitronen-gras, Chilischoten und Sprossen zugeben und kurz mitbraten. Mit der Hühnerbrühe aufgießen und 20 Minuten kochen, bis der Sellerie weich ist.

5 Das Huhn häuten, aus-beinen, das Fleisch klein schneiden und in die Suppe geben.

6 Die Suppe mit Soja-sauce, Sesamöl, Salz und Pfeffer würzen. Den Kori-ander hacken und über die Suppe streuen.

Gerade an heißen Sommertagen ist die asiatische Hühnerbrühe mit Zitronengras und Koriander ein leichter Genuss.

Kalte Gurken-Dill-Suppe

Zutaten für 4 Portionen

2 Gurken • 1 Zwiebel • 2 Knoblauchzehen • 2 Bund Dill
300 g Joghurt • 150 g Sahne • Salz, weißer Pfeffer
1/2 Bund Schnittlauch

**Zubereitungs-
zeit: 25 Minuten**

**192/804 kcal/kJ
5 g Eiweiß
15 g Fett
10 g Kohlen-
hydrate**

1 Die Gurken schälen, längs halbieren, die Kerne entfernen und das Fruchtfleisch in kleine Stücke schneiden.
2 Zwiebel und Knoblauchzehen abziehen und fein würfeln. Den Dill hacken.
3 Die Gurkenstücke, Zwiebel und Knoblauch mit einem Mixstab pürieren. Joghurt und Sahne verrühren und unter die Gurken heben. Den Dill zufügen, mit Salz und Pfeffer abschmecken und kalt stellen.
4 Den Schnittlauch in feine Röllchen schneiden und vor dem Servieren über die Suppe streuen.

Klare Wildkräutersuppe

**Zubereitungs-
zeit: 2 Stunden
und 20 Minuten**

**371/1557 kcal/kJ
20 g Eiweiß
23 g Fett
20 g Kohlen-
hydrate**

**Wenn Sie aus
gesundheit-
lichen Gründen
Ihren Kochsalz-
konsum redu-
zieren müssen,
eignet sich Lieb-
stöckel auch
besonders gut
als Salzersatz.**

Zutaten für 4 Portionen

*2 Möhren • 2 Petersilienwurzeln • 1/2 Knolle Sellerie • 1 Stan-
ge Lauch • 1 Zwiebel • 2 EL Öl • Salz • 1 Stängel Liebstöckel
1/2 l Milch • 5 Eier • 1 EL Butter • Pfeffer • Muskatnuss
400 g gemischte junge Wildkräuter (wie Brennnessel, Pimpinelle, Sauerampfer und Löwenzahn) • 1 Bund Petersilie*

1 Das Gemüse putzen, schälen und klein schneiden. Die Zwiebel von losen Schalen befreien und ungeschält in Stücke schneiden.

2 Das Öl in einem Suppentopf erhitzen und das Gemüse darin leicht andünsten. Es sollte keine Farbe annehmen!

3 Das Gemüse mit 2 Liter kaltem Wasser auffüllen und langsam aufkochen. Salz und Liebstöckel zugeben und 1 1/2 bis 2 Stunden zugedeckt bei schwacher Hitze leicht kochen. (Es sollte 1 Liter Brühe entstehen).

4 In der Zwischenzeit Milch und Eier verschlagen, salzen, in eine gebutterte Auflaufform gießen und im Wasserbad bei 180 °C (Gas Stufe 2–3) im Backofen 35 Minuten garen, bis die Masse fest ist. Den Eierstich abkühlen lassen, herausstürzen und in Würfel schneiden.

5 Die Gemüsebrühe durch ein Sieb abgießen, nochmals aufkochen und mit Salz, Pfeffer und Muskatnuss abschmecken.

6 Die Wildkräuter verlesen und dabei alle harten Stängel entfernen. Die Petersilienblättchen abzupfen. Die Kräuter waschen, trockentupfen und hacken.

7 Die gehackten Kräuter in die Suppe geben und 5 Minuten ziehen lassen, aber nicht mehr kochen.

8 Die Eierstichwürfel auf vier Teller verteilen und mit der Suppe aufgießen.

Rinderkraftbrühe mit Majorannockerl

Zutaten für 4 Portionen

*1 Möhre • 1/4 Knolle Sellerie • 1/2 Stange Lauch • 2 Eiweiße
250 g Klärfleisch (Rinderhesse) • 1 1/2 l Fleischbrühe
Salz, Pfeffer • 250 ml Milch • 20 g Butter • 125 g Mehl
3 Eier • 1 Bund Majoran • 2 Stängel Petersilie • 2 Stängel
Kerbel • geriebene Muskatnuss*

**Zubereitungs-
zeit: 3 Stunden**

**282/1184 kcal/kJ
13 g Eiweiß
12 g Fett
29 g Kohlen-
hydrate**

1 Möhren und Sellerie putzen, schälen und grob würfeln. Den Lauch putzen und klein schneiden.

2 Das Eiweiß mit 150 Milliliter kaltem Wasser verschlagen, mit Gemüse und Klärfleisch vermengen und 30 Minuten kalt stellen.

3 Die Klärmasse mit der kalten Fleischbrühe in einen Topf geben und unter Rühren aufkochen. Die Brühe 2 Stunden bei schwacher Hitze ziehen lassen, dabei mehrmals entfetten.

4 In der Zwischenzeit Milch mit Butter, Muskatnuss und Salz aufkochen, das Mehl zugeben und unter Rühren abbrennen, bis sich die Masse vom Topfboden löst. Vom Herd nehmen und die Eier nacheinander einarbeiten.

5 Den Majoran hacken und unter den Teig ziehen.

6 Mit zwei Teelöffeln Nocken aus dem Teig formen und in kochendem Salzwasser ca. 10 Minuten ziehen lassen, bis sie auftauchen.

7 Wenn die Brühe fertig ist, Petersilie, Kerbel und Muskatnuss in ein Passiertuch geben und die Brühe durch das Tuch abgießen. Die Suppe nochmals aufkochen und mit Salz und Pfeffer abschmecken.

8 Die Majorannockerl auf vier Teller verteilen, mit der Kraftbrühe aufgießen und servieren.

Kräuterminestrone

Zutaten für 4 Portionen

200 g Borlotti-Bohnen • 150 g Kartoffeln • 4 Tomaten
100 g Zucchini • 2 Stangen Staudensellerie • 1 Stange Lauch
1 Zwiebel • 1 Knoblauchzehe • 3 EL Olivenöl • 1 EL Tomaten-
mark • 2 EL Weißwein • 1 l Gemüsebrühe • 100 g tiefgefrore-
ne Erbsen • 3 EL Reis • Salz, weißer Pfeffer • 1 Bund Basilikum
2 Zweige Rosmarin • 2 Zweige Thymian • 2 Stängel Oregano
50 g geriebener Parmesan

Zubereitungs-
zeit: 1 Stunde

461/1934 kcal/kJ
25 g Eiweiß
19 g Fett
45 g Kohlen-
hydrate

Basilikum ist
ein typisches
Würzkraut der
mediterranen
Küche und
passt demnach
zu allen
südlichem
Gemüsesorten.

1 Die Bohnen 6 Stunden in kaltes Wasser einlegen. Danach im Einweichwasser in 1 Stunde weich kochen und abgießen.

2 Die Kartoffeln schälen und in kleine Würfel schneiden. 5 Minuten in kochendem Wasser blanchieren und abgießen.

3 Die Tomaten vom Stielansatz befreien, an der Unterseite kreuzweise einschneiden und 1 Minute blanchieren. Dann abgießen, abschrecken, abziehen, vierteln, entkernen und würfeln.

4 Die Zucchini waschen, halbieren und würfeln. Den Sellerie putzen und klein schneiden. Den Lauch putzen und in Rin-

ge schneiden. Zwiebel und Knoblauchzehe abziehen und würfeln.

5 2 Esslöffel Olivenöl in einem Suppentopf erhitzen und Zwiebeln, Knoblauch, Lauch, Sellerie und Zucchini darin andünsten. Tomatenmark einrühren und kurz mitdünsten. Mit Weißwein ablöschen, mit der Gemüsebrühe aufgießen und aufkochen.

6 Kartoffeln, Erbsen und Reis zugeben und bei schwacher Hitze garen, bis der Reis weich ist. Bohnen und Tomaten hinzufügen. Mit Salz und Pfeffer würzen und das restliche Öl einrühren.

7 Das Basilikum in feine Streifen schneiden. Rosmarinnadeln, Thymian- und Oreganoblättchen abzupfen und hacken. Die Hälfte des Basilikums und die gehackten Kräuter in die Suppe geben und erwärmen, aber nicht kochen.

8 Die Suppe auf vier Teller verteilen und mit dem restlichen Basilikum und Parmesan bestreuen.

Leichte Tomatensuppe mit Basilikum

Zutaten für 4 Portionen

750 g reife Tomaten • 1 Zwiebel • 1 Knoblauchzehe • 1/2 rote Paprikaschote • 2 EL Olivenöl • 2 EL Tomatenmark • 1 l Gemüsebrühe • Zucker • Salz, schwarzer Pfeffer • 150 g kleine Muschelnudeln • 1 Bund Basilikum

Zubereitungszeit: 50 Minuten

**280/1177 kcal/kJ
8 g Eiweiß
11 g Fett
36 g Kohlenhydrate**

1 Die Tomaten vom Stielansatz befreien, an der Unterseite kreuzweise einschneiden und 1 Minute blanchieren. Abgießen, abschrecken, abziehen, vierteln und entkernen.

2 Zwiebel und Knoblauchzehe abziehen und würfeln. Den Paprika waschen, von Stielansatz und Kernen befreien und klein schneiden.

3 Das Olivenöl in einem Suppentopf erhitzen, Zwiebel, Knoblauch und Paprika andünsten, das Tomatenmark einrühren und kurz mitbraten. Dann die Tomaten zugeben und zugedeckt bei schwacher Hitze 10 Minuten garen.

4 Mit der Gemüsebrühe auffüllen, aufkochen und mit Zucker, Salz und Pfeffer würzen. Zugedeckt 15 Minuten garen.

5 Izwischen die Nudeln in Salzwasser in 8 bis 10 Minuten bissfest kochen und abgießen.

6 Die Basilikumblätter grob hacken und in die Suppe geben. Die Suppe pürieren, kurz aufkochen und servieren.

Käsesalat mit Pimpinelle

**Zubereitungs-
zeit: 25 Minuten**

**404/1693 kcal/kJ
19 g Eiweiß
34 g Fett
5 g Kohlen-
hydrate**

Zutaten für 4 Portionen

*100 g Brie · 100 g Roquefort · 100 g Bergkäse · 4 EL Olivenöl
1 Bund Pimpinelle · 1 Kopf Eichblattsalat · 1 Kopf Radicchio
1 grüne Paprikaschote · 1 Knoblauchzehe · 1 EL Weißweinessig · 2 EL Zitronensaft · 1 TL brauner Zucker · Salz, Pfeffer*

1 Die drei Käsesorten in Würfel schneiden, vermengen und 1 Esslöffel Olivenöl unterziehen.
2 Die Pimpinelleblätter grob zerzupfen und mit den Käsewürfeln vermischen.
3 Eichblattsalat und Radicchio in einzelne Blätter zerteilen, waschen und trockenschleudern.
4 Paprika waschen, halbieren, von Stielansatz und Kernen befreien und in Streifen schneiden. Die Knoblauchzehe abziehen und durchpressen.
5 Weißweinessig, Zitronensaft, restliches Olivenöl, Zucker und Knoblauch zu einer sämigen Sauce verrühren. Mit Salz und Pfeffer würzen.
6 Salatblätter und Paprika auf einer Platte anrichten und mit dem Dressing beträufeln. Die Käsewürfel in die Mitte setzen und servieren.

Scampisalat mit grünem Spargel

**Zubereitungs-
zeit: 45 Minuten**

Zutaten für 4 Portionen

*2 Bund grüner Spargel · 4 Möhren · 3 EL Estragonessig
6 EL Olivenöl · Salz, schwarzer Pfeffer · 16 Scampi · 2 EL Öl
1 Bund Estragon*

1 Den Spargel von den holzigen Enden befreien, 6 Minuten in Salzwasser blanchieren, abgießen, gründlich abtropfen lassen und in etwa 3 Zentimeter lange Stücke schneiden.

2 Die Möhren schälen, halbieren und schräg in Scheiben schneiden. In etwa 5 Minuten bissfest blanchieren.

3 Estragonessig mit Olivenöl gut verrühren, mit Salz und Pfeffer würzen. Spargel, Möhren und die Sauce vermischen und 15 Minuten marinieren lassen.

4 In der Zwischenzeit die Scampi aus der Schale lösen, am Rücken einschneiden und den Darmfaden entfernen. Das Öl in einer Pfanne erhitzen und die Scampi darin 5 Minuten braten und etwas Farbe nehmen lassen.

5 Den Spargelsalat auf vier Teller verteilen und jeweils 4 Scampi darauf anrichten.

6 Die Estragonblätter fein hacken und über den Salat streuen.

336/1408 kcal/kJ
19 g Eiweiß
26 g Fett
7 g Kohlenhydrate

Spargel ist nicht nur äußerst delikat, sondern auch sehr kalorienarm, so dass er auch in der »schlanken Küche« einen Platz findet.

Ein ganz besonderer Salat: Scampi und grüner Spargel. Wer kann dazu schon nein sagen.

Brunnenkressesalat

**Zubereitungs-
zeit: 25 Minuten**

**161/670 kcal/kJ
4 g Eiweiß
10 g Fett
13 g Kohlen-
hydrate**

Zutaten für 4 Portionen

*500 g Brunnenkresse • 3 Stangen Staudensellerie • 1 Gurke
1 rote Zwiebel • 3 EL Olivenöl • 3 EL Zitronensaft • 1 TL milder
Senf • 1 EL Honig • Salz, Pfeffer*

1 Die Brunnenkresse waschen, trockentupfen und in kleine Zweige zerteilen. Die dicken Stängel dabei entfernen.

2 Den Staudensellerie waschen und in Scheiben schneiden. Die Gurke schälen, entkernen und ebenfalls in Scheiben schneiden. Die Zwiebel abziehen und in feine Ringe schneiden.

3 Sämtliche Salatzutaten in eine große Schüssel geben und miteinander vermischen.

4 Für das Dressing Olivenöl, Zitronensaft, Senf und Honig zu einer sämigen Sauce verrühren und mit Salz und Pfeffer abschmecken. Die Sauce kurz vor dem Servieren über den Salat geben und vorsichtig unterheben.

Tabbouleh mit Kräutern

**Zubereitungs-
zeit: 35 Minuten**

**219/917 kcal/kJ
5 g Eiweiß
10 g Fett
26 g Kohlen-
hydrate**

Zutaten für 4 Portionen

*100 g Bulgur • 4 Lauchzwiebeln • 3 Fleischtomaten
150 g glatte Petersilie • 2 Bund Basilikum • 2 Stängel Minze
3 El Olivenöl • 4 EL Zitronensaft • Salz, Pfeffer*

1 150 Milliliter Wasser aufkochen, über den Bulgur gießen und mindestens 15 Minuten ziehen lassen.

2 Die Lauchzwiebeln putzen und mit einem Teil des Grüns in Röllchen schneiden. Die Tomaten waschen, vom Stielansatz befreien und würfeln. Petersilien- und Basilikumblätter abzupfen und grob hacken. Die so vorbereiteten Zutaten miteinander vermischen.

3 Die Minze fein hacken und mit Öl und Zitronensaft verrühren. Mit Salz und Pfeffer würzen.

4 Die Sauce unter die Salatzutaten heben und 30 Minuten im Kühlschrank durchziehen lassen. Bei Zimmertemperatur servieren.

Melonensalat mit Minzdressing

Zutaten für 4 Portionen

1 Kopf Endiviensalat · 1 Gurke · 1 grüne Paprikaschote
1 Kantalup-Melone · 1 Birne · 1 Bund Minze · 3 EL Traubenkernöl · 1 EL Weißweinessig · 1 EL Zitronensaft · gemahlener Ingwer · Zucker · Salz, weißer Pfeffer

Zubereitungszeit: 40 Minuten

152/638 kcal/kJ
3 g Eiweiß
10 g Fett
13 g Kohlenhydrate

1 Den Endiviensalat in Blätter zerteilen, waschen und trocknen.

2 Die Gurke schälen, halbieren und in Scheiben schneiden. Paprika waschen, von Stielansatz und Kernen befreien und in Streifen schneiden.

3 Die Melone vierteln, die Kerne herauskratzen, das Fruchtfleisch von der Schale schneiden und würfeln.

4 Die Birne schälen, vierteln, vom Kerngehäuse befreien und in Scheiben schneiden.

5 Für das Dressing die Minzeblätter abzupfen und in feine Streifen schneiden. Mit Traubenkernöl, Essig, Zitronensaft, Ingwer und Zucker gründlich verrühren. Mit Salz und Pfeffer abschmecken.

6 Die Salatzutaten vorsichtig miteinander vermischen, das Minzdressing unterheben und servieren.

Gartensalat mit Kräutervinaigrette

**Zubereitungs-
zeit: 35 Minuten**

**215/899 kcal/kJ
3 g Eiweiß
19 g Fett
8 g Kohlen-
hydrate**

Zutaten für 4 Portionen
*1 Kopf Navitasalat • 1 Kopf Lollo Rosso • 4 Tomaten
1/2 Gurke • 2 Möhren • 2 Stangen Staudensellerie • 2 EL Balsamicoessig • 1 EL Rotweinessig • 1 EL Marsala • 6 EL Olivenöl • Salz, Pfeffer • 1 Knoblauchzehe • 1 Bund Basilikum
2 Stängel Salbei • 1 Stängel Liebstöckel • 1 Zweig Thymian*

1 Navita und Lollo Rosso
in Blätter zerteilen, wa-
schen und trocken-
schleudern.
2 Die Tomaten waschen,
vom Stielansatz befreien
und achteln. Die Gurke

schälen und in Scheiben
schneiden.
3 Die Möhren schälen
und grob raspeln. Den
Sellerie ebenfalls schälen
und in dünne Scheiben
schneiden.

*Für das Sommer-
fest ideal zu Ge-
grilltem: ein Salat
mit allem, was der
Garten hergibt.*

4 Balsamico-, Rotwein-essig, Marsala, Olivenöl, Salz und Pfeffer zu einer sämigen Sauce verrühren. 5 Die Knoblauchzehe abziehen und durchpressen. Die Blätter der Kräuter fein hacken. Beides unter die Vinaigrette ziehen. 6 Die Salatzutaten in eine Schüssel geben, vor dem Servieren mit dem Dressing übergießen und vorsichtig vermischen.

Gemüsesalat mit Ysop

Zutaten für 4 Portionen

200 g Zuckerschoten • 200 g Prinzessbohnen • 150 g tief-gefrorene Erbsen • 150 g Kichererbsen aus der Dose
2 Stängel Ysop • 2 Stängel Bohnenkraut • 2 Bund Rucola
2 EL Balsamicoessig • 3 EL Distelöl • 1 TL Senf • 1 rote Zwiebel
Salz, Pfeffer

Zubereitungs-zeit: 35 Minuten

203/848 kcal/kJ
9 g Eiweiß
10 g Fett
18 g Kohlen-hydrate

1 Zuckerschoten und Bohnen putzen und getrennt in 3 bzw. 8 Minuten bissfest garen. Die Erbsen kurz blanchieren. Die Kichererbsen abspülen und abtropfen lassen. 2 Ysop und Bohnenkraut fein hacken und zusammen mit den Erbsen und den Bohnen in eine Schüssel geben. 3 Den Rucola waschen und trockentupfen. 4 Balsamicoessig, Distel-öl und Senf zu einer sämi-gen Sauce verrühren. Die Zwiebel abziehen, fein würfeln und zur Sauce geben. Mit Salz und Pfeffer würzen. 5 Die Salatzutaten mit 2/3 des Dressings vermischen und 30 Minuten bei Zimmertemperatur durchziehen lassen. 6 Den Rucola auf vier Teller verteilen, mit der restlichen Sauce beträu-feln, den Gemüsesalat darauf anrichten und servieren.

Blattkräutersalat

**Zubereitungs-
zeit: 35 Minuten**

**205/860 kcal/kJ
5 g Eiweiß
16 g Fett
9 g Kohlen-
hydrate**

Zutaten für 4 Portionen

*200 g Brunnenkresse · 200 g Löwenzahn · 100 g junge
Brennnesseln · 100 g Sauerampfer · 100 g Löffelkraut
1 Bund Zitronenmelisse · 1 TL Dijonsenf · 1 TL Himbeergelee
Zucker · 3 EL Himbeeressig · 3 EL Mandelöl · 2 EL Pflanzenöl
Salz, weißer Pfeffer · 1 Kopfsalat*

1 Die Brunnenkresse waschen, trockentupfen und in kleine Zweige zerteilen. Den Löwenzahn etwas zerkleinern.

2 Die Blätter von Brennnesseln, Sauerampfer, Löffelkraut und Zitronenmelisse abzupfen.

3 Senf, Himbeergelee und Zucker im Himbeeressig auflösen und mit Mandel- und Pflanzenöl, Salz und Pfeffer zu einer sämigen Sauce verrühren.

4 Den Kopfsalat waschen, trockenschleudern und die Blätter auf vier Tellern auslegen. Die Blattkräuter auf den Kopfsalat setzen und mit dem Dressing beträufeln.

Sprossensalat mit Zitronengras

**Zubereitungs-
zeit: 20 Minuten**

**128/535 kcal/kJ
6 g Eiweiß
8 g Fett
8 g Kohlen-
hydrate**

Zutaten für 4 Portionen

*1 Stange Lauch · 3 Stängel Zitronengras · 2 cm Ingwerwurzel
250 g Sojabohnensprossen · 150 g Erbsen- und Radieschen-
sprossen · 2 EL Reisessig · 1 EL Sojasauce · 1 TL brauner
Zucker · 1 TL braunes Sesamöl · 2 EL Erdnussöl*

1 Den Lauch putzen, waschen und in Ringe schneiden. Das Zitronengras, nur den weißen Teil, ebenfalls in Ringe schneiden. Den Ingwer schälen, erst in Scheiben, dann in Stifte schneiden.

2 Lauch, Zitronengras und Ingwer mit den Sprossen mischen.

3 Reisessig und Sojasauce gründlich verrühren und den Zucker darin auflösen. Sesam- und Erdnussöl hinzugeben und zu einer sämigen Sauce verschlagen.

4 Das Dressing unter den Salat heben und vor dem Servieren 20 Minuten durchziehen lassen.

Mozzarella-Romana-Salat mit kräutermarinierter Hähnchenbrust

Zutaten für 4 Portionen

1 Bund Thymian • 2 Zweige Rosmarin • 8 EL Olivenöl 2 EL Zitronensaft • 400 g Hähnchenbrust • 1 Kopf Romanasalat • 250 g Mozzarella • 2 EL Sherry Fino • 2 EL Sherryessig 2 EL Orangensaft • Zucker • Salz, Pfeffer

Zubereitungszeit: 40 Minuten (plus 1 Tag zum Marinieren)

417/1744 kcal/kJ 36 g Eiweiß 28 g Fett 2 g Kohlenhydrate

1 Thymian und Rosmarin fein hacken und mit 4 Esslöffeln Olivenöl und dem Zitronensaft verrühren. Die Hähnchenbrust darin einlegen und über Nacht marinieren.

2 Am nächsten Tag den Romanasalat putzen, quer in Streifen schneiden, waschen und trockenschleudern. Den Mozzarella würfeln.

3 Sherry, Sherryessig, Orangensaft mit 2 Esslöffeln Olivenöl verrühren.

Mit Zucker, Salz und Pfeffer abschmecken.

4 Die Hähnchenbrust aus der Marinade nehmen, mit Küchenpapier trockentupfen und im restlichen Öl auf beiden Seiten jeweils 5 Minuten braten.

5 Salatstreifen und Mozzarella vermischen, auf vier Teller verteilen und mit dem Dressing beträufeln. Die Hähnchenbrust in Streifen schneiden und auf dem Salat anrichten.

Gemüsegerichte und Beilagen

Kräuter und Gemüse – daraus ergibt sich eine fast unerschöpfliche Quelle an Variationsmöglichkeiten. Während es einige Gemüsesorten gibt, die nach einem bestimmten Würzkraut verlangen, harmonieren andere mit einer Vielzahl. Das kann sehr hilfreich sein, wenn Sie einen eigenen Garten haben und zur Erntezeit eine größere Menge einer bestimmten Gemüsesorte anfällt. Kräuter sorgen dann für Abwechslung, so dass man mit einer Grundzutat zahlreiche Gerichte zubereiten kann, ohne ihrer schnell überdrüssig zu werden.

Champignons in Sherry-Salbei-Sahne geschmort

Zutaten für 4 Portionen
800 g Champignons · 1 Bund Salbei · 100 ml Sherry Amontillado · 600 g Sahne · Salz, weißer Pfeffer · 1 EL Butter

1 Die Champignons putzen, die Stielenden abschneiden und große Pilze halbieren.

2 Die Salbeiblätter in Streifen schneiden.

3 Sherry und Sahne verrühren. Den Salbei zugeben und mit Salz und Pfeffer würzen.

4 Vier Portionskokotten mit Butter fetten, die Champignons darauf verteilen und mit der Sahnemischung aufgießen.

5 Die Champignons in den Ofen schieben und etwa 20 Minuten bei 220 °C (Gas Stufe 4–5) schmoren.

Zubereitungszeit: 35 Minuten

**517/2168 kcal/kJ
8 g Eiweiß
49 g Fett
7 g Kohlenhydrate**

Frische Kräuter sind nicht nur zum Verzieren da: Champignons in Sherry mit frischem Salbei.

Rosmarin-Ofenkartoffeln

**Zubereitungs-
zeit: 55 Minuten**

**191/801 kcal/kJ
2 g Eiweiß
12 g Fett
18 g Kohlen-
hydrate**

Zutaten für 4 Portionen (als Beilage)
600 g Kartoffeln • 2 Zweige Rosmarin
4 EL Olivenöl • Salz, grob gemahlener schwarzer Pfeffer

1 Die Kartoffeln waschen, schälen und in etwa 1 Zentimeter große Würfel schneiden. Die Rosmarinblätter abzupfen und fein hacken.
2 Die Kartoffelwürfel in eine Auflaufform geben, Rosmarinblätter und Olivenöl zugeben, mit Salz und Pfeffer würzen und alle Zutaten gut vermischen, so dass die Kartoffelwürfel mit Öl überzogen sind.
3 Die Kartoffeln in 45 Minuten bei 220 °C (Gas Stufe 4–5) im Ofen goldgelb backen. Dabei ab und zu umwenden.

Gemüse mit Kräuterbéchamel gratiniert

**Zubereitungs-
zeit: 40 Minuten**

**345/1447 kcal/kJ
14 g Eiweiß
20 g Fett
28 g Kohlen-
hydrate**

Zutaten für 4 Portionen
50 g Butter • 50 g Mehl • 1 l Milch • Salz, Pfeffer
250 g Möhren • 250 g Zucchini • 1 Brokkoli • 2 Chicorée
1 Bund Estragon • 1 Bund Zitronenmelisse

1 Die Butter zerlassen, das Mehl einrühren, mit der Milch aufgießen und unter Rühren aufkochen. Bei schwacher Hitze 15 Minuten kochen, bis eine dickflüssige, klumpenfreie Sauce entsteht. Mehrmals umrühren, da die Sauce leicht anbrennt. Mit Salz und Pfeffer würzen.
2 Möhren und Zucchini in Scheiben schneiden. Den Brokkoli in Röschen zerteilen. Den Chicorée vierteln. Das Gemüse bissfest blanchieren.

3 Estragon hacken und mit der Hälfte der Béchamelsauce vermischen. Die Zitronenmelisseblättchen in Streifen schneiden und mit der anderen Hälfte verrühren.

4 Auf vier feuerfesten Tellern jeweils 1/4 jeden Gemüses arrangieren. Möhren und Chicorée mit der Estragon-Béchamel-Sauce, Zucchini und Brokkoli mit der Zitronenmelissesauce überziehen. Das Gemüse 5 Minuten unter einem Grill gratinieren.

Rote-Bete-Gemüse mit Löffelkraut

Zutaten für 4 Portionen

500 g Rote Bete • 2 Möhren • 2 Kartoffeln • 1 Zwiebel
2 EL Butterschmalz • 500 ml Gemüsebrühe • 5 Nelken
1 TL Zucker • 1 EL Zitronensaft • 50 g Löffelkrautblätter
Zimt • Salz, Pfeffer • 1 Bund Schnittlauch • 2 EL saure Sahne

Zubereitungszeit: 1 Stunde und 45 Minuten

180/756 kcal/kJ
4 g Eiweiß
10 g Fett
18 g Kohlenhydrate

1 Die Rote Bete mit Wasser bedeckt in 1 1/2 Stunden weich kochen. Abgießen, abschrecken, schälen und würfeln.

2 Möhren und Kartoffeln schälen. Die Möhren in Scheiben, die Kartoffeln in Würfel schneiden.

3 Die Zwiebel abziehen, würfeln und im Butterschmalz andünsten. Möhren und Kartoffeln zugeben. Mit Gemüsebrühe auffüllen. Nelken,

Zucker, Zitronensaft und Löffelkraut hinzufügen. Mit Zimt, Salz und Pfeffer würzen und zugedeckt bei schwacher Hitze 20 Minuten kochen.

4 Die Rote Bete mit dem Gemüse vermischen und weitere 5 Minuten garen.

5 Den Schnittlauch in Röllchen schneiden. Das Gemüse vom Herd nehmen, saure Sahne und Schnittlauchröllchen unterheben.

Mangold-Polenta-Auflauf

Zubereitungszeit: 1 Stunde und 45 Minuten

**887/3714 kcal/kJ
23 g Eiweiß
42 g Fett
98 g Kohlenhydrate**

Zutaten für 4 Portionen

1 EL Butter • 500 g Polenta • 2 Bund Basilikum • 1 Bund Petersilie • 1 Zweig Rosmarin • 3 EL Olivenöl • 2 Stauden Mangold • 1 Zwiebel • Zitronensaft • Muskatnuss • Salz, Pfeffer • 100 ml Weißwein • 200 g Sahne • 150 g Gorgonzola

1 2 Liter leicht gesalzenes Wasser mit 1 Esslöffel Butter aufkochen. Das Polentamehl langsam einrieseln lassen und gründlich verrühren, damit sich keine Klumpen bilden. Bei schwacher Hitze 40 Minuten ziehen lassen. Ab und zu umrühren.

2 Die Kräuter hacken und nach 40 Minuten unter die Polenta ziehen.

3 Eine Kastenform mit 1 Esslöffel Olivenöl fetten und die Maismasse einfüllen. Fest andrücken und abkühlen lassen.

4 In der Zwischenzeit die Mangoldblätter abschneiden und 4 Minuten blanchieren. Abgießen, abschrecken und abtropfen lassen.

5 Die Zwiebel hacken und in 2 Esslöffeln Olivenöl andünsten. Den Mangold zugeben, wenden, mit Zitronensaft, Muskatnuss, Salz und Pfeffer würzen und dann vom Herd nehmen.

6 Den Weißwein mit der Sahne aufkochen. Den Gorgonzola zerbröseln und in der Flüssigkeit auflösen. Mit Salz und Pfeffer abschmecken.

7 Den Mangold in eine längliche Auflaufform füllen. Die Polenta aus der Form stürzen, in Scheiben schneiden und diese zu 2 Dreiecken halbieren. Dachziegelartig in einer Reihe auf den Mangold schichten und mit der Gorgonzolasauce übergießen.

8 Den Auflauf bei 180 °C (Gas Stufe 2–3) 20 Minuten im Ofen überbacken.

Gekochte Artischocken mit Kräutervinaigrette

Zutaten für 4 Portionen

1 Bund Suppengrün · 1 Zwiebel · 1 EL schwarze Pfefferkörner
1 Bund Petersilie · 8 Artischocken à 400 g · 2 Zitronen
2 Schalotten · 2 Stangen Staudensellerie · 1 Bund Schnitt-
lauch · 1 Stängel Minze · 1/2 Bund Dill · 3 EL Weißweinessig
6 EL Olivenöl · 2 EL Walnussöl · Salz, schwarzer Pfeffer

**Zubereitungs-
zeit: 1 Stunde
und 15 Minuten**

**349/1461 kcal/kJ
11 g Eiweiß
25 g Fett
18 g Kohlen-
hydrate**

1 Das Suppengrün putzen und klein schneiden. Die Zwiebel abziehen und in Ringe schneiden. Beides mit Pfefferkörnern und der Hälfte der Petersilie in 6 Litern Salzwasser aufkochen.

2 Die Stiele und unteren Hüllblätter der Artischocken mit einer leichten Drehung abbrechen. Die äußeren Blätter abzupfen. Von den restlichen Blättern die holzigen Spitzen mit einer Schere abschneiden.

3 Die Zitronen in Scheiben schneiden, jeden Artischockenboden mit einer Scheibe belegen und mit Küchengarn festbinden. Die Artischocken in die kochende Brühe geben und ca. 40 Minuten kochen lassen, bis die mittleren Blätter leicht herausgezupft werden können. Herausnehmen und mit den Blättern nach unten abtropfen lassen.

4 Für die Vinaigrette Schalotten und Staudensellerie sehr fein hacken. Schnittlauch in Röllchen schneiden. Die restlichen Kräuter und die verbliebene Petersilie ebenfalls fein hacken.

5 Weißweinessig, 3 Esslöffel Wasser, Oliven- und Walnussöl verrühren, mit Salz und Pfeffer würzen und die gehackten Kräuter zugeben.

6 Die Artischocken mit der Kräutervinaigrette zum Dippen servieren.

Auch der Artischockenboden schmeckt sehr gut. Allerdings müssen Sie vorher die Fasern entfernen, sie sind nicht zum Verzehr geeignet!

Sprossen-Okra-Gemüse

Zubereitungszeit: 45 Minuten

**148/619 kcal/kJ
7 g Eiweiß
8 g Fett
10 g Kohlenhydrate**

Zutaten für 4 Portionen

300 g Okra • 1 EL Essig • 1 Zwiebel • 2 EL Öl • 400 g Sojabohnensprossen • 1 TL Currypulver • 2 Stängel Zitronengras 250 ml Gemüsebrühe • Kardamom • Salz, Pfeffer • 1 EL Speisestärke • 1/2 Bund Petersilie

1 Die Okra waschen, putzen und die Stielansätze abschneiden. In leicht gesalzenem Essigwasser 8 Minuten blanchieren, abgießen und abtropfen lassen.

2 Die Zwiebel abziehen, würfeln und im Öl andünsten. Okra und Sprossen zugeben und 3 Minuten mitbraten. Mit dem Currypulver bestäuben.

3 Das Zitronengras in Ringe schneiden. Nur den weißen Teil verwenden. Zum Gemüse geben.

4 Die Sprossen mit der Brühe aufgießen und zugedeckt bei schwacher Hitze 10 Minuten kochen. Mit Kardamom, Salz und Pfeffer würzen.

5 Die Speisestärke mit etwas kaltem Wasser verrühren und das Gemüse damit andicken.

6 Die Petersilie hacken und vor dem Servieren über das Gericht streuen.

Chili-Koriander-Frittata

Zubereitungszeit: 40 Minuten

Zutaten für 4 Portionen

2 Kartoffeln • 2 milde grüne Chilischoten • 1 rote Chilischote 1 Zwiebel • 10 Eier • 1 Bund Schnittlauch • 1 Bund Koriander Salz, Pfeffer • 2 EL Olivenöl

1 Die Kartoffeln schälen, in kleine Würfel schneiden und etwa 4 Minuten blanchieren. Dann abgießen und gut abtropfen lassen.

2 Die Chilischoten halbieren, von Stielansatz und Kernen befreien und in Ringe schneiden. Die Zwiebel abziehen und würfeln.

3 Die Eier verschlagen. Den Schnittlauch in feine Röllchen schneiden, die Korianderblätter abzupfen und beides zu den Eiern geben. Mit Salz und Pfeffer würzen.

4 Das Olivenöl in einer großen Pfanne stark erhitzen. Chilischoten und Zwiebel unter ständigem Rühren kurz anbraten. Kartoffeln in der Pfanne verteilen und mit der Eimasse begießen.

5 Die Temperatur reduzieren und die Eier bei schwacher Hitze 6 bis 8 Minuten zugedeckt stocken lassen. Auf den Deckel gleiten lassen, umgedreht in die Pfanne zurück stürzen und weitere 2 Minuten braten. Die Frittata auf vier Teller verteilen und sofort servieren.

361/1513 kcal/kJ
22 g Eiweiß
26 g Fett
11 g Kohlenhydrate

Vorsicht bei scharfen Chilischoten: Waschen Sie sich nach der Verarbeitung gründlich die Hände, und vermeiden Sie den Kontakt mit den Augen.

Einfach und schnell zuzubereiten: die Chili-Koriander-Frittata.

Auberginenauflauf

Zubereitungs-
zeit: 1 Stunde
und 10 Minuten

652/2727 kcal/kJ
18 g Eiweiß
57 g Fett
16 g Kohlen-
hydrate

Zutaten für 4 Portionen

*1 kg Auberginen · Salz · 1 Zwiebel · 1 Knoblauchzehe
2 EL Olivenöl · 2 EL Rotwein · 1 Dose geschälte Tomaten
à 800 g · 1 EL Balsamicoessig · 1 TL Zitronensaft
1 TL getrocknetes Basilikum · 1 TL Zucker · edelsüßes Paprikapulver · Pfeffer · 250 ml Öl · 1 Bund Basilikum · 1 Bund
Oregano · 250 g Mozzarella*

1 Die Auberginen waschen und in Scheiben schneiden. Mit Salz bestreuen und 20 Minuten ziehen lassen, damit die Bitterstoffe austreten.

2 In der Zwischenzeit Zwiebel und Knoblauchzehe abziehen und würfeln. Das Olivenöl erhitzen und Zwiebel und Knoblauch darin glasig dünsten. Mit Rotwein ablöschen.

3 Die Tomaten zugeben und aufkochen. Balsamicoessig und Zitronensaft zufügen. Mit Basilikum, Zucker, Paprikapulver, Salz und Pfeffer würzen und 30 Minuten bei schwacher Hitze kochen. Anschließend mit einem Mixstab pürieren.

4 Das Öl in einer Pfanne erhitzen. Die Auberginenscheiben trockentupfen und darin portionsweise auf beiden Seiten goldbraun braten. Dann herausnehmen und auf Küchenpapier abtropfen lassen.

5 Basilikum und Oregano fein hacken. Die Auberginenscheiben in eine Auflaufform schichten, mit den gehackten Kräutern bestreuen und mit Tomatensauce übergießen.

6 Den Mozzarella in Scheiben schneiden und die Auberginen damit belegen.

7 Den Auflauf bei 180 °C (Gas Stufe 2–3) 25 Minuten im Ofen überbacken.

Gegrillte Zucchini- und Fleischtomatenscheiben mit Kräuterdip

Zutaten für 4 Portionen

*4 Zucchini • 4 Fleischtomaten • 1 TL getrockneter Oregano
Salz, Pfeffer • 2 EL Zitronensaft • 2 EL Olivenöl • 1 EL Balsamicoessig • 1 Stängel Pimpinelle • 2 Stängel Basilikum
2 Stängel Zitronenmelisse • 2 Zweige Thymian • 2 Zweige
Rosmarin • 1/2 Bund Petersilie • 1 Knoblauchzehe
200 g Frischkäse • 2 EL Sauerrahm • 1 EL Orangensaft
Tabasco*

Zubereitungszeit: 40 Minuten

**301/1265 kcal/kJ
10 g Eiweiß
24 g Fett
11 g Kohlenhydrate**

1 Die Zucchini waschen, von Stiel- und Blütenansatz befreien und schräg in Scheiben schneiden. In leicht gesalzenem Wasser 4 Minuten blanchieren, abgießen, abschrecken und abtropfen lassen.

2 Die Fleischtomaten waschen, den Stielansatz entfernen und das Fruchtfleisch in Scheiben schneiden.

3 Zucchini- und Tomatenscheiben auf einem Blech auslegen. Mit Oregano, Salz und Pfeffer bestreuen und mit 1 Esslöffel Zitronensaft, Olivenöl und Balsamicoessig beträufeln. 10 Minuten unter einem Grill oder im Ofen bei starker Oberhitze garen.

4 Für den Kräuterdip Pimpinelle, Basilikum, Zitronenmelisse, Thymian, Rosmarin und Petersilie fein hacken. Die Knoblauchzehe abziehen und durchdrücken.

5 Kräuter und Knoblauch mit Frischkäse, Sauerrahm, Orangensaft und restlichem Zitronensaft zu einer sämigen Creme verarbeiten. Mit Tabasco, Salz und Pfeffer würzen.

6 Zucchini- und Tomatenscheiben auf vier Teller verteilen und jeweils 1 Esslöffel Kräutercreme in die Mitte geben.

Einst in der Küche von großer Bedeutung, findet Pimpinelle heute eher selten Verwendung. Dabei eignet sich der leicht nussige Geschmack ideal zur Verfeinerung vieler Speisen und verleiht Dips und Saucen eine ganz besondere Note.

Spargel mit Kressesauce

**Zubereitungs-
zeit: 50 Minuten**

Zutaten für 4 Portionen
1,2 kg weißer Spargel • 1 TL Zucker • 1 EL Butter
2 Kästchen Kresse • 2 hart gekochte Eier • 200 g Sauerrahm
2 EL Sahne • 1 TL Zitronensaft • Salz, Pfeffer

**132/557 kcal/kJ
10 g Eiweiß
7 g Fett
7 g Kohlen-
hydrate**

1 Den Spargel von der Spitze her schälen, die holzigen Enden abschneiden und die Stangen portionsweise bündeln.
2 Die Schalen und Enden mit Zucker und Butter in 3 Liter Salzwasser 10 Minuten kochen und danach durch ein Sieb abgießen. Den Spargel im Sud in 15 bis 20 Minuten gar ziehen lassen.

3 In der Zwischenzeit die Kresse mit einer Schere abschneiden und fein hacken. Gepellte Eier ebenfalls hacken.
4 Sauerrahm und Sahne verrühren. Kresse und Eier vorsichtig unterheben und mit Zitronensaft, Salz und Pfeffer würzen.
5 Den Spargel auf vier Tellern anrichten und mit der Sauce überziehen.

Libanesische Kichererbsen in Kräuter-Joghurt-Sauce

**Zubereitungs-
zeit: 1 Stunde
und 20 Minuten**

Zutaten für 4 Portionen
250 g Kichererbsen • 500 g rote Kartoffeln • 1 Zwiebel
2 Knoblauchzehen • 2 EL Olivenöl • 1 Bund glatte Petersilie
1 Bund Koriander • 2 Stängel Dill • 1 EL Zitronensaft
gemahlene Koriandersamen • Piment • Cayennepfeffer
Salz • 200 g Joghurt

**425/1779 kcal/kJ
18 g Eiweiß
14 g Fett
54 g Kohlen-
hydrate**

1 Die Kichererbsen über Nacht in Wasser einweichen. Am nächsten Tag im Einweichwasser in 1 Stunde weich kochen und abgießen.

2 Die Kartoffeln schälen, in Würfel schneiden und bissfest blanchieren.

3 Zwiebel und Knoblauchzehen abziehen, würfeln und in heißem Öl glasig dünsten. Kichererbsen und Kartoffeln zugeben und 5 Minuten mitbraten.

4 Die Kräuter hacken und zum Gemüse geben. Mit Zitronensaft ablöschen und mit Koriandersamen, Piment, Cayennepfeffer und Salz würzen.

5 Den Joghurt einrühren und lauwarm servieren.

Blätterteigtaschen mit Schafskäse-Oregano-Füllung

Zutaten für 4 Portionen
250 g Schafskäse • 2 EL Joghurt • 1 EL getrockneter Oregano Pfeffer • 500 g tiefgekühlter Blätterteig • Mehl zum Ausrollen • 1 Ei

Zubereitungszeit: 45 Minuten

645/2701 kcal/kJ
20 g Eiweiß
43 g Fett
45 g Kohlenhydrate

1 Den Schafskäse in Würfel schneiden, in einer Schüssel mit einer Gabel zerdrücken und mit Joghurt und Oregano verrühren. Mit Pfeffer würzen.

2 Den aufgetauten Blätterteig auf einer bemehlten Arbeitsfläche ausrollen und in 12 Quadrate schneiden. In die Mitte jedes Quadrats 1 Esslöffel Schafskäse setzen.

3 Das Ei trennen und die Ränder der Quadrate mit Eiweiß einpinseln. Zu Dreiecken zusammenklappen, die Ränder andrücken und 15 Minuten ruhen lassen.

4 Ein Backblech mit Backpapier auslegen und die Dreiecke darauf setzen. Mit dem Eigelb bestreichen und 15 Minuten bei 180 °C (Gas Stufe 2–3) im Ofen backen.

Austernpilze in Ziegenkäse-Oregano-Sauce

**Zubereitungs-
zeit: 35 Minuten**

**371/1553 kcal/kJ
9 g Eiweiß
34 g Fett
6 g Kohlen-
hydrate**

Zutaten für 4 Portionen
600 g Austernpilze · 1 Zwiebel · 1 Bund Oregano · 2 EL Öl
4 EL Weißwein · 200 g Sahne · 150 g Ziegenfrischkäse
1 EL Zitronensaft · Salz, weißer Pfeffer

1 Die Austernpilze putzen, von dicken Stielen befreien und große Pilze halbieren oder vierteln. Die Zwiebel abziehen und würfeln. Oregano fein hacken.

2 Das Öl in einer großen Pfanne erhitzen und die Austernpilze darin bei mittlerer Hitze anbraten. Nach 5 Minuten die Zwiebelwürfel hinzufügen und weiter dünsten, bis sie glasig sind.

3 Oregano zu den Pilzen geben, kurz mitbraten und mit Weißwein ablöschen. Dann die Sahne zugeben und um 1/3 einkochen.

4 Den Ziegenkäse zerkrümeln und in der Sahne auflösen. Mit Zitronensaft, Salz und Pfeffer würzen.

Kartoffel-Erbsen-Curry

**Zubereitungs-
zeit: 55 Minuten**

**221/924 kcal/kJ
8 g Eiweiß
7 g Fett
32 g Kohlen-
hydrate**

Zutaten für 4 Portionen
750 g Kartoffeln · 2 Zwiebeln · 2 Knoblauchzehen · 2 TL Senfkörner · 2 EL Butterschmalz · 1 TL Ingwerpulver · 1 TL Kurkuma · 1 TL Kreuzkümmel · 1 TL gemahlener Koriander Chilipulver · Salz, Pfeffer · 150 g Erbsen · 1 Bund Minze

1 Die Kartoffeln schälen und in mundgerechte Stücke schneiden.

2 Zwiebeln und Knoblauch abziehen und grob hacken.

3 Die Senfkörner in einer großen Pfanne erhitzen, bis sie platzen. Butterschmalz, Zwiebeln und Knoblauch zugeben und andünsten. Ingwer, Kurkuma, Kreuzkümmel und Koriander einrühren und 1 Minute mitbraten.

4 Die Kartoffeln in die Pfanne geben und mehrmals wenden, bis sie gleichmäßig mit den Gewürzen überzogen sind. Mit Chilipulver, Salz und Pfeffer würzen.

5 Die Kartoffeln mit 250 Milliliter Wasser auffüllen und zugedeckt 15 Minuten garen.

6 Die Erbsen zu den Kartoffeln geben, eventuell noch etwas Wasser nachfüllen und weitere 5 bis 10 Minuten kochen, bis die Kartoffeln weich sind.

7 Die Minze hacken und unter das Gemüse heben. Vom Herd nehmen und vor dem Servieren noch einige Minuten ziehen lassen.

Sahnekartoffeln mit Majoran

Zutaten für 4 Portionen
600 g Kartoffeln (als Hauptgericht 1 kg) • 1 EL Butter
100 ml Gemüsebrühe • 200 g Sahne • 1 Bund Majoran
Salz, weißer Pfeffer

Zubereitungszeit: 30 Minuten

264/1107 kcal/kJ
4 g Eiweiß
18 g Fett
21 g Kohlenhydrate

1 Die Kartoffeln waschen, schälen und längs vierteln oder sechsteln.

2 Eine runde Auflaufform mit der Butter fetten und die Kartoffelschnitze kreisförmig hineinsetzen.

3 Die Gemüsebrühe mit der Sahne mischen. Den Majoran hacken und in die Flüssigkeit geben. Mit Salz und Pfeffer abschmecken.

4 Die Kräuter-Sahne-Mischung über die Kartoffeln geben und 45 Minuten bei 180 °C (Gas Stufe 2–3) im Ofen garen.

Blumenkohlröschen mit Majoran-Nuss-Sauce

Zubereitungszeit: 1 Stunde

345/1447 kcal/kJ
13 g Eiweiß
24 g Fett
19 g Kohlenhydrate

Zutaten für 4 Portionen

30 g Butter • 20 g Mehl • 1/2 l Milch • Muskatnuss • Salz, Pfeffer • 1 Bund Majoran • 30 g gehackte Walnüsse 50 g gehackte Haselnüsse • 2 Köpfe Blumenkohl

1 Die Butter zerlassen, das Mehl einrühren, mit der Milch aufgießen und unter Rühren aufkochen. Bei schwacher Hitze 15 Minuten kochen, bis eine dickflüssige, klumpenfreie Sauce entsteht. Dabei mehrmals umrühren, da die Sauce leicht anbrennt. Mit Muskatnuss, Salz und Pfeffer abschmecken

2 Die Majoranblättchen abzupfen, fein hacken und zusammen mit den Wal- und Haselnüssen in die Sauce geben. 5 Minu-

Blumenkohl mal anders: mit Nüssen und Majoran eine raffinierte Idee.

ten bei schwacher Hitze ziehen lassen.

3 In der Zwischenzeit den Blumenkohl kurz in Salzwasser legen. Herausnehmen, abtropfen lassen und in Röschen zerteilen. In 8 bis 10 Minuten bissfest blanchieren.

4 Die Röschen auf vier Tellern anrichten und mit der Sauce begießen.

Auberginen in Joghurtsauce mit Koriander

Zutaten für 4 Portionen

4 Auberginen • 1 Zwiebel • 2 Knoblauchzehen • 4 cm Ingwerwurzel • 2 getrocknete Chilischoten • 2 TL Koriandersamen • 1 TL Kreuzkümmel • 2 EL Butterschmalz • Currypulver Zucker • Salz, Pfeffer • 150 g Joghurt • 1 Bund Koriander

Zubereitungszeit: 50 Minuten

**167/701 kcal/kJ
7 g Eiweiß
9 g Fett
15 g Kohlenhydrate**

1 Die Auberginen waschen, mehrmals einstechen, auf ein Blech legen und 30 Minuten bei 180 °C (Gas Stufe 2–3) im Ofen backen. Nach 15 Minuten wenden.

2 Die Auberginen etwas abkühlen lassen, die Haut abziehen und das Fruchtfleisch klein schneiden.

3 Zwiebel und Knoblauchzehen abziehen und würfeln. Den Ingwer schälen und fein reiben. Chilischoten, Koriandersamen und Kreuzkümmel in einem Mörser zerstoßen.

4 Das Butterschmalz erhitzen und Zwiebeln und Knoblauch darin glasig dünsten. Die zerstoßenen Gewürze, Ingwer und Currypulver zugeben und kurz mitbraten. Auberginen hinzufügen und erwärmen. Mit Zucker, Salz und Pfeffer würzen.

5 Das Gemüse vom Herd nehmen und den Joghurt unterheben. Den Koriander hacken und mit den Auberginen vermischen.

Kräuterkrapfen mit Rosmarinhollandaise

**Zubereitungs-
zeit: 45 Minuten**

**828/3465 kcal/kJ
21 g Eiweiß
59 g Fett
40 g Kohlen-
hydrate**

Zutaten für 4 Portionen

*200 g Butter · 200 g Mehl · 3 Eier · 1 Bund Petersilie
1/2 Bund Thymian · 100 g geriebener Appenzeller · Salz
Fett zum Frittieren · 2 Schalotten · 2 Zweige Rosmarin
300 ml Weißwein · 5 schwarze Pfefferkörner · 3 Eigelbe
Cayennepfeffer*

1 50 Gramm Butter in 250 Milliliter Wasser geben und aufkochen. 150 Gramm Mehl auf einmal hinzugeben und abbrennen, bis sich die Masse als ein Klumpen vom Topfboden löst. Sofort 1 Ei einarbeiten und etwas abkühlen lassen. Danach die restlichen beiden Eier nacheinander unterziehen.

2 Petersilien- und Thymianblättchen abzupfen, fein hacken und mit dem Käse unter den Brandteig heben. Mit Salz würzen.

3 Mit einem Esslöffel Nocken von der Masse abstechen, im verbliebenen Mehl wenden und bei 180 °C in 5 Minuten goldgelb frittieren. Heraus-

nehmen und auf Küchenpapier abtropfen lassen.

4 Für die Hollandaise die Schalotten abziehen und würfeln. Zusammen mit 1 Zweig Rosmarin, Weißwein und Pfefferkörnern aufkochen und auf 1/3 reduzieren. Durch ein Sieb abgießen.

5 Den Sud etwas abkühlen lassen und mit den Eigelben verrühren. Die restliche Butter zerlassen. Die verbliebenen Rosmarinblätter fein hacken.

6 Die Eigelbe über einem Wasserbad cremig aufschlagen. Vom Herd nehmen und die Butter in dünnem Strahl unterrühren. Mit Rosmarin, Cayennepfeffer und Salz würzen.

**Seinen Namen
verdankt Rosmarin dem
lateinischen
»ros marinus«,
was übersetzt
Tau des Meeres
bedeutet. Im
Volksmund
nennt man
Rosmarin auch
Kranzenkraut
oder Reslmarie.**

7 Die Hollandaise als Spiegel auf die Teller verteilen und die Kräuterkrapfen darauf setzen.

Weißkohl-Wirsing-Gemüse mit Beifuß

Zutaten für 4 Portionen
1 kleiner Kopf Wirsing • 1/2 Kopf Weißkohl • 1 Zwiebel
2 EL Butterschmalz • 100 ml Weißwein • 250 ml Gemüse-
brühe • 1 EL Weißweinessig • 1 Lorbeerblatt • 2 Nelken
1 TL getrockneter Beifuß • Salz, Pfeffer • 100 g Sauerrahm

**Zubereitungs-
zeit: 1 Stunde
und 25 Minuten**

**180/753 kcal/kJ
8 g Eiweiß
10 g Fett
10 g Kohlen-
hydrate**

1 Den Wirsing von den Außenblättern befreien, vierteln und in leicht gesalzenem Wasser 5 Minuten blanchieren. Abgießen, abschrecken und abtropfen lassen. Den Wurzelstrunk entfernen und die Blätter in Streifen oder Rauten schneiden.
2 Den Weißkohl putzen, vierteln, Strunk und dicke Blattrippen entfernen und die Blätter in Streifen schneiden.
3 Die Zwiebel abziehen, würfeln und im Butterschmalz andünsten. Wir-
sing und Weißkohl zugeben und 5 Minuten mitbraten. Mit Weißwein, Gemüsebrühe und Essig ablöschen.
4 Das Gemüse mit Lorbeerblatt, Nelken, Beifuß, Salz und Pfeffer würzen. 45 Minuten zugedeckt bei schwacher Hitze schmoren. Ab und zu umrühren.
5 Lorbeer und Nelken entfernen. Das Gemüse vom Herd nehmen und den Sauerrahm einrühren. Nochmals mit Salz und Pfeffer abschmecken.

TIPP Bei frischem Beifuß nur die Blütenrispen und zarten Blätter verwenden. Größere Blätter haben einen unangenehmen Geschmack.

Nudeln und Reis

Bei Nudelgerichten denkt man fast automatisch an Pasta, an Italien und an die dazugehörigen Kräuter wie Basilikum, Rosmarin, Salbei, Oregano und Thymian. Man könnte fast meinen, manche Kräuter wurden bei uns erst durch die Verbindung mit Pasta bekannt. So haben beispielsweise Tomatensauce mit Basilikum und Spaghetti mit Pesto dazu geführt, dass wir Basilikum zu schätzen gelernt haben.

Auch für Kräuter, die einen intensiven und sehr eigenen Geschmack entwickeln, bietet die Nudelküche einige Möglichkeiten, wie beispielsweise das Rezept für Bärlauchspätzle, Seite 77, zeigt.

Spaghetti mit Pesto

Zutaten für 4 Portionen
500 g Spaghetti · 4 Knoblauchzehen · 2 Bund Basilikum 150 ml Olivenöl · 50 g Pinienkerne · 100 g geriebener Parmesan · Salz, Pfeffer

**Zubereitungs-
zeit: 25 Minuten**

**966/4041 kcal/kJ
29 g Eiweiß
53 g Fett
93 g Kohlen-
hydrate**

1 Die Spaghetti in reichlich Salzwasser in 10 bis 12 Minuten al dente kochen.

2 Die Knoblauchzehen abziehen und würfeln. Die Basilikumblätter abzupfen. Beides mit Olivenöl, Pinienkernen und Parmesan pürieren. Mit Salz und Pfeffer abschmecken.

3 Den Pesto mit 4 Esslöffeln Nudelkochwasser in eine große Pfanne geben. Die Nudeln abgießen, abtropfen lassen und mit dem Pesto vermischen. Leicht erwärmen und sofort servieren.

Spaghetti mit Pestosauce: nicht nur in Ligurien eine Spezialität.

Risotto mit Rosmarin, Salbei und Pilzen

**Zubereitungs-
zeit: 35 Minuten**

**610/2550 kcal/kJ
15 g Eiweiß
21 g Fett
84 g Kohlen-
hydrate**

**Im Mittelalter
galt Salbei als
das Heilmittel
schlechthin.
Er wirkt stär-
kend, schweiß-
hemmend,
krampf- und
schmerz-
stillend, anti-
septisch und als
Sedativum bei
Übererreg-
barkeit des
vegetativen
Nervensystems.**

Zutaten für 4 Portionen

*45 g getrocknete Steinpilze • 1/2 Bund Salbei • 1 Bund Ros-
marin • 1 Zwiebel • 60 g Butter • 1 EL Olivenöl • 400 g Arbo-
rio-Reis • 2 EL Marsala • 50 g geriebener Parmesan
Salz, Pfeffer*

1 Die Pilze in eine große Schüssel geben und mit 1 1/2 Liter kochendem Wasser begießen. Mindestens 30 Minuten einweichen. Dann das Wasser abgießen, auffangen und die Pilze mit den Händen gut ausdrücken. Falls notwendig, nochmals unter fließendem Wasser abspülen. Mit Küchenpapier trockentupfen und klein schneiden.

2 Die Einweichflüssigkeit durch ein Passiertuch seihen, aufkochen und bei schwacher Hitze bereithalten.

3 Salbeiblätter und Rosmarinblätter fein hacken. Die Zwiebel abziehen und würfeln.

4 Die Hälfte der Butter und das Olivenöl erhitzen und die Zwiebeln darin in etwa 3 Minuten glasig dünsten.

5 Den Reis hinzugeben und unter ständigem Rühren 1 bis 2 Minuten garen, bis der Reis gut mit Fett überzogen, glänzend und leicht durchscheinend ist. Dann die Steinpilze hinzufügen und mit Marsala ablöschen.

6 1 Schöpflöffel der heißen Pilzbrühe dazugeben und umrühren. Wenn die Flüssigkeit aufgesogen ist, einen weiteren Schöpflöffel zugeben und so verfahren, bis der Reis gar ist, aber noch Biss hat, was etwa 20 Minuten dauert. Die Hitze so anpassen, dass der Reis stets leicht kocht. Ab und zu umrühren.

7 Den Topf vom Herd nehmen und restliche

Butter, Kräuter und Parmesan einrühren. Zugedeckt 2 Minuten stehen lassen, damit sich die Aromen verbinden. Mit Salz und Pfeffer würzen. Zusätzlichen Käse getrennt dazu reichen.

INFO Als Risottoreis sind am besten die Sorten Arborio oder Vialone geeignet.

Linguine mit Räucherlachs, Garnelen und Kerbel

Zutaten für 4 Portionen
*500 g Linguine • 3 EL Olivenöl • 2 Schalotten • 20 g Butter
8 Stängel Kerbel • 150 g Sahne • Salz, weißer Pfeffer
12 Garnelenschwänze • 120 g Räucherlachs*

Zubereitungszeit: 25 Minuten

702/2937 kcal/kJ
35 g Eiweiß
21 g Fett
91 g Kohlenhydrate

1 Die Linguine in reichlich Salzwasser mit etwas Olivenöl al dente kochen. Kalt abschrecken und das Wasser abgießen.

2 Die Schalotten abziehen, würfeln und in der Butter andünsten, 4 Stängel Kerbel hacken und mit der Sahne zugeben. Die Flüssigkeit um etwa 1/3 einreduzieren. Mit Salz und Pfeffer abschmecken.

3 In der Zwischenzeit die Garnelenschwänze schälen, am Rücken einschneiden und die Darmfäden entfernen. Das restliche Olivenöl erhitzen und die Garnelen darin 5 Minuten braten.

4 Die Linguine mit der Sauce vermischen. Den Räucherlachs in etwa 1/2 Zentimeter breite Streifen schneiden und zuletzt unter die Pasta mengen.

5 Die Linguine auf vier Tellern anrichten, mit je 1 Zweig Kerbel und 3 Garnelen garnieren und servieren.

Spaghetti mit Rosmarin, Parmaschinken und Pinienkernen

**Zubereitungs-
zeit: 30 Minuten**

**784/3280 kcal/kJ
35 g Eiweiß
30 g Fett
92 g Kohlen-
hydrate**

Zutaten für 4 Portionen

*500 g Spaghetti · 1 Bund Rosmarin · 100 g Parmaschinken
3 Knoblauchzehen · 3 EL Olivenöl · 80 g Pinienkerne · Salz,
Pfeffer · 100 g geriebener Pecorino*

1 Die Spaghetti in reichlich Salzwasser al dente
kochen. Auf ein Sieb
gießen und abtropfen
lassen.

2 Die Hälfte des Ros-
marins in kleinere Zweige
zerteilen, die Blätter der
anderen Hälfte fein

hacken. Den Parmaschin-
ken in Streifen schneiden.

3 Die Knoblauchzehen
abziehen und klein wür-
feln. Das Olivenöl in einer
großen Pfanne erhitzen.
Knoblauch und Pinien-
kerne darin anbräunen.
Die Rosmarinzweige hin-

*Kochen wie in
Italien: Spaghetti
mit Rosmarin,
Parmaschinken
und gerösteten
Pinienkernen.*

zugeben und kurz mitbraten.

4 Nudeln und Parmaschinken in die Pfanne geben. Unter Wenden erwärmen, mit Salz und Pfeffer würzen. Die Hälfte des Käses und den gehackten Rosmarin unterheben.

5 Die Spaghetti auf vier Tellern anrichten mit dem restlichen Käse bestreuen und servieren.

Penne mit Austernpilzen, Camembert und Schnittlauch

Zutaten für 4 Portionen

200 g Austernpilze · 1 Zwiebel · 2 EL Olivenöl · 100 ml Weißwein · 150 ml Fleisch- oder Gemüsebrühe · 2 EL Butter Salz, Pfeffer · 500 g Penne · 200 g Camembert 1 Bund Schnittlauch

Zubereitungszeit: 30 Minuten

653/2731 kcal/kJ
30 g Eiweiß
17 g Fett
89 g Kohlenhydrate

1 Die Austernpilze putzen und in Streifen schneiden. Die Zwiebel abziehen und würfeln.

2 Das Olivenöl erhitzen und die Austernpilze darin bei mittlerer Hitze 5 Minuten braten. Die Zwiebeln zugeben und mitdünsten, bis sie glasig sind.

3 Die Austernpilze mit Weißwein und Brühe aufgießen, die Butter hinzufügen und mit Salz und Pfeffer würzen.

4 In der Zwischenzeit die Penne in reichlich gesalzenem Wasser in 10 bis 12 Minuten al dente kochen. Abgießen und direkt in die Sauce geben.

5 Den Camembert würfeln und den Schnittlauch in feine Röllchen schneiden. Beides zu den Nudeln geben und vorsichtig vermischen. Zugedeckt noch etwa 3 Minuten ziehen lassen, bis die Camembertwürfel angeschmolzen sind.

Tagliatelle mit Schinken-Basilikum-Sauce

**Zubereitungs-
zeit: 1 Stunde**

**823/3440 kcal/kJ
39 g Eiweiß
30 g Fett
97 g Kohlen-
hydrate**

Zutaten für 4 Portionen

*1 Zwiebel • 1 Knoblauchzehe • 2 EL Olivenöl • 2 EL Rotwein
1 Dose geschälte Tomaten à 800 g • 1 EL Balsamicoessig
1 TL Zitronensaft • 1 TL getrocknetes Basilikum • 1 TL Zucker
edelsüßes Paprikapulver • Salz, Pfeffer • 500 g grüne Tagliatelle • 150 g gekochter Schinken • 1 Bund Basilikum
100 g Sahne • 250 g Mozzarella*

1 Zwiebel und Knoblauchzehe abziehen und fein würfeln.

2 Das Olivenöl erhitzen und Zwiebel- und Knoblauchwürfel darin glasig dünsten. Mit Rotwein ablöschen.

3 Die geschälten Tomaten zugeben und kurz aufkochen. Balsamicoessig und Zitronensaft hinzufügen. Mit Basilikum, Zucker, Paprikapulver, Salz und Pfeffer würzen und die Sauce zugedeckt 30 Minuten bei schwacher Hitze kochen. Anschließend mit einem Mixstab fein pürieren.

4 In der Zwischenzeit die Tagliatelle in reichlich gesalzenem Wasser in 10 bis 12 Minuten al dente kochen. Abgießen und abtropfen lassen.

5 Den Schinken in feine Streifen schneiden. Die Basilikumblätter abzupfen und ebenfalls in Streifen schneiden.

6 Die Sahne mit der Tomatensauce verrühren, Schinken und Basilikum unterheben und nochmals mit Salz und Pfeffer abschmecken.

7 Die Nudeln mit der Sauce vermischen und in feuerfeste Teller oder Portionskokotten füllen.

8 Den Mozzarella in Scheiben schneiden, die Tagliatelle damit belegen und im Ofen etwa 8 Minuten überbacken, bis der Mozzarella angeschmolzen ist.

Ricotta-Basilikum-Ravioli

Zutaten für 4 Portionen

450 g Mehl, Mehl zum Ausrollen · 4 Eier · Salz · 3 EL Olivenöl · 250 g Ricotta (ersatzweise Quark) · 4 Eigelbe · 250 g geriebener Parmesan · 60 g geriebener Pecorino · 2 Bund Basilikum · schwarzer Pfeffer · 1 Eiweiß · 100 g Butter

Zubereitungszeit: 1 Stunde

**1215/5087 kcal/kJ
58 g Eiweiß
70 g Fett
89 g Kohlenhydrate**

1 Das Mehl auf ein Backbrett sieben und in die Mitte eine Mulde drücken.

2 Die Eier in einer Schüssel verquirlen, salzen, mit dem Olivenöl in die Mulde gießen und das Mehl vom Rand her mit den Fingern nach und nach untermischen.

3 Den Teig gut durchkneten, bis er geschmeidig und glatt ist, dann in ein feuchtes Tuch wickeln und 30 Minuten ruhen lassen.

4 Für die Füllung den Ricotta mit den Eigelben, 150 Gramm geriebenen Parmesan und dem Pecorino verrühren.

5 Die Basilikumblätter in Streifen schneiden, hinzugeben, vermischen und mit Salz und Pfeffer abschmecken.

6 Den Teig möglichst dünn ausrollen und mit einem Ausstecher runde Ravioli ausstechen.

7 Mit einem Esslöffel walnussgroße Häufchen der Ricotta-Basilikum-Masse auf die Teigflächen setzen. Die Zwischenräume mit Eiweiß bestreichen, eine zweite dünne Teigfläche darauf legen und die Zwischenräume gut aneinander drücken.

8 Die Ravioli vorsichtig in kochendes, leicht gesalzenes Wasser gleiten lassen und 5 Minuten ziehen lassen. Dann mit einer Schaumkelle aus dem Wasser heben.

9 Die Butter zerlassen und über die Nudeln geben. Mit Parmesan bestreut servieren.

Basilikum gibt es in verschiedenen Sorten. Für Balkon und Zimmer empfiehlt sich der kleinblättrige fein aromatische »Balkonstar«. Für die Aussaat im Garten eignet sich der etwas robustere »Dark Opal« mit seinen dunkelroten Blättern.

Penne mit Hähnchenbruststreifen

**Zubereitungs-
zeit: 30 Minuten**

**903/3779 kcal/kJ
58 g Eiweiß
28 g Fett
99 g Kohlen-
hydrate**

Zutaten für 4 Portionen
200 g Zuckerschoten · 400 g Hähnchenbrust · 4 EL Olivenöl
1 kleine Zwiebel · 1 Bund Zitronenthymian · 100 ml Weiß-
wein · 200 ml Hühnerbrühe · 1 EL Zitronensaft · Salz,
weißer Pfeffer · 500 g Penne · 2 EL Butter · 100 g Pecorino

1 Zuckerschoten putzen, 3 Minuten blanchieren.
2 Die Hähnchenbrust in Streifen schneiden. Das Olivenöl erhitzen und das Fleisch scharf anbraten.
3 Die Zwiebel abziehen, würfeln, zur Hähnchenbrust geben und mitdünsten. Thymianblättchen abzupfen, fein hacken und ebenfalls in die Pfanne geben. Mit Weißwein und Hühnerbrühe ablöschen und mit Zitronensaft, Salz und Pfeffer abschmecken.
4 In der Zwischenzeit die Penne al dente kochen.
5 Die Zuckerschoten zum Fleisch geben. Die kalte Butter flöckchenweise in die Sauce rühren.
6 Die Nudeln abgießen, die Sauce darauf geben und mit geriebenem Pecorino bestreuen.

Casareccia mit Spargelspitzen, Oliven und Salbeiblättern

**Zubereitungs-
zeit: 30 Minuten**

**668/2792 kcal/kJ
18 g Eiweiß
23 g Fett
92 g Kohlen-
hydrate**

Zutaten für 4 Portionen
200 g grüne Spargelspitzen · 16 schwarze Oliven
1 Bund Salbei · 1 Zwiebel · 1 EL Olivenöl · 50 g Butter
100 ml Weißwein · Salz, Pfeffer · 500 g Casareccia

1 Die Spargelspitzen in Salzwasser 5 Minuten blanchieren. Abgießen und abschrecken, dabei 150 Milliliter Kochwasser auffangen.

2 Die Oliven entsteinen und halbieren. Die Salbei-blätter abzupfen. Die Zwiebel abziehen und würfeln.

3 Die Zwiebelwürfel in heißem Olivenöl glasig dünsten. Spargelspitzen und Oliven zugeben.

4 Die Butter hinzufügen und die Salbeiblätter darin kurz braten. Mit Weißwein und der Spar-gelbrühe aufgießen. Um 1/3 einkochen, mit Salz und Pfeffer würzen.

5 Die Casareccia in 10 bis 12 Minuten al dente ko-chen. Abgießen und auf vier Teller verteilen. Die Sauce auf die Nudeln ge-ben und sofort servieren.

Fettucine mit Champignons und Kräutern

Zutaten für 4 Portionen

250 g Champignons • 1/2 Bund Salbei • 1/2 Bund Basilikum
1/2 Bund Oregano • 2 Knoblauchzehen • 3 EL Olivenöl
Salz, schwarzer Pfeffer • 500 g Fettucine • 50 g Parmesan

Zubereitungs-zeit: 30 Minuten

596/2493 kcal/kJ
22 g Eiweiß
15 g Fett
92 g Kohlen-hydrate

1 Die Champignons put-zen und blättrig schnei-den. Salbei, Basilikum und Oregano fein hacken. Die Knoblauchzehen ab-ziehen und würfeln.

2 Das Olivenöl erhitzen und die Champignons darin andünsten. Nach etwa 5 Minuten die ge-hackten Kräuter und den Knoblauch zugeben und mitbraten. Mit Salz und grob geschrotetem Pfeffer würzen.

3 Fettucine in 8 bis 10 Minuten al dente kochen. Abgießen, ab-tropfen lassen und zu den Champignons geben.

4 Nudeln und Sauce mit-einander vermischen und nochmals mit Salz ab-schmecken. Mit geriebe-nem Parmesan bestreuen und servieren.

Agnolotti mit Lachsfüllung

**Zubereitungs-
zeit: 1 Stunde
und 20 Minuten**

**973/4071 kcal/kJ
44 g Eiweiß
47 g Fett
89 g Kohlen-
hydrate**

Zutaten für 4 Portionen

*450 g Mehl, Mehl zum Ausrollen • 4 Eier • Salz • 3 EL Oliven-
öl • 1 Schalotte • 300 g Lachsfilet • 80 g Mascarpone
schwarzer Pfeffer • 1 Bund Schnittlauch • 1/2 Bund Dill
1 Eiweiß • 1 kleine Zwiebel • 100 ml Weißwein
200 ml Fischfond • 200 g Sahne • Zitronensaft
Cayennepfeffer • 100 g Shrimps • 1 EL Butter*

1 Das Mehl auf ein Backbrett sieben und in die
Mitte eine Mulde drücken.
2 Die Eier in einer
Schüssel verquirlen, sal-
zen, mit dem Olivenöl in
die Mulde gießen und das
Mehl vom Rand her mit
den Fingern nach und
nach untermischen.
3 Den Teig gut durchkneten, bis er geschmeidig
und glatt ist, dann 30 Minuten in ein feuchtes Tuch
gewickelt ruhen lassen.
4 Die Schalotte abziehen
und würfeln. Das Lachs-
fleisch fein hacken. Schalottenwürfel, Lachs und
Mascarpone zu einer
Creme verarbeiten. Mit
Salz und Pfeffer würzen.
5 Den Schnittlauch in
Röllchen schneiden und

den Dill hacken. Beides
unter die Lachsfarce
ziehen.
6 Den Teig auf einer bemehlten Arbeitsfläche
möglichst dünn ausrollen.
Kreise von 8 Zentimeter
Durchmesser ausstechen.
Jeweils 1 Esslöffel von der
Füllung darauf setzen, die
Ränder mit Eiweiß be-
streichen und die Kreise
zu Halbmonden zusam-
menklappen. Den Rand
um die Füllungen gut
andrücken.
7 Die Agnolotti in siedendem Salzwasser 4 bis
5 Minuten ziehen lassen.
Mit einer Schaumkelle
aus dem Wasser heben,
abtropfen lassen.
8 Für die Sauce die Zwiebel abziehen, in Ringe

**Wenn Sie ein
Liebhaber selbst
gemachter Nu-
deln sind, lohnt
sich die Investi-
tion in eine
Nudelmaschine.
Handbetriebene
Geräte gibt es
ab etwa 70 DM.**

schneiden und kalt abspülen.

9 Die Zwiebel mit Weißwein aufkochen. Fischfond zugeben und bei mittlerer Hitze um 1/3 reduzieren. Die Sahne einrühren und auf die gewünschte Konsistenz einkochen. Die Sauce sollte nicht zu dickflüssig sein.

10 Die Sauce durch ein Sieb passieren und mit Zitronensaft, Cayennepfeffer und Salz würzen.

11 Die Shrimps hacken, in Butter andünsten, mit der Sauce aufgießen und 5 Minuten bei schwacher Hitze ziehen lassen.

12 Die Agnolotti auf vier Tellern anrichten und mit der Sauce übergießen.

Bärlauchspätzle

Zutaten für 4 Portionen
1 Bund Bärlauch • 100 g Crème fraîche • 400 g Mehl • 4 Eier
geriebene Muskatnuss • Salz, Pfeffer • 4 EL Butter
400 g geriebener Käse

Zubereitungszeit: 35 Minuten

951/3979 kcal/kJ
48 g Eiweiß
51 g Fett
73 g Kohlenhydrate

1 Den Bärlauch fein hacken und mit der Crème fraîche verrühren.

2 Aus Mehl und Eiern einen zähflüssigen Teig herstellen. Mit Muskatnuss, Salz und Pfeffer würzen und die Bärlauchcreme unterheben.

3 Einen großen Topf mit leicht gesalzenem Wasser füllen und aufkochen. Den Teig in einen Spätzle-

hobel füllen und in das kochende Wasser hobeln.

4 Die Spätzle ziehen lassen, bis sie oben schwimmen, mit einem Schaumlöffel herausschöpfen und sofort mit kaltem Wasser abschrecken.

5 Die Butter in einer Pfanne zerlassen und die Spätzle darin erwärmen. Den Käse unterheben und schmelzen lassen.

Ricottagnocchi mit Rosmarinbutter

**Zubereitungs-
zeit: 40 Minuten**

**752/3148 kcal/kJ
31 g Eiweiß
62 g Fett
18 g Kohlen-
hydrate**

Zutaten für 4 Portionen
500 g Ricotta • 2 Eigelbe • ca. 80 g Hartweizengrieß
50 g geriebener Pecorino • Salz, weißer Pfeffer • 1 Schalotte
2 Knoblauchzehen • 1/2 Bund Rosmarin • 150 g Butter • Saft
und Schale von 1/2 Zitrone • 100 g geriebener Parmesan

1 Den Ricotta in ein Tuch geben und auspressen, damit er möglichst trocken wird.

2 Ricotta, Eigelbe, Hartweizengrieß und Pecorino zu einem Teig verarbeiten, der nicht mehr klebt (eventuell etwas mehr Hartweizengrieß zufügen). Mit Salz und Pfeffer würzen.

3 Den Teig auf einer bemehlten Arbeitsfläche 1 Zentimeter dick ausrollen und in 2 mal 3 Zentimeter große Rechtecke schneiden.

4 Die Ricottagnocchi vorsichtig in kochendes, leicht gesalzenes Wasser gleiten lassen und bei schwacher Hitze 5 Minuten ziehen lassen, bis die Gnocchi oben schwimmen. Dann mit einem Schaumlöffel herausschöpfen und in einem Sieb abtropfen lassen.

5 Für die Rosmarinbutter die Schalotte abziehen und sehr fein würfeln, den Knoblauch abziehen und zerdrücken. Die Rosmarinzweige abzupfen.

6 Die Butter zerlassen, Schalotte und Knoblauch darin kurz andünsten. Rosmarinblätter, Zitronensaft und -schale hinzufügen und kurz mitbraten.

7 Die Gnocchi auf vier Tellern anrichten, mit der Rosmarinbutter begießen und mit Parmesan bestreuen.

INFO Rosmarin sollte beim Kochen stets miterhitzt werden, denn nur so entfaltet er sein volles Aroma.

Tortelli mit Petersilienfüllung

Zutaten für 4 Portionen

450 g Mehl, Mehl zum Ausrollen • 4 Eier • Salz • 3 EL Olivenöl • 1 kleine Zwiebel • 2 Knoblauchzehen • 50 g Pinienkerne 4 Bund Petersilie • 1 Bund Basilikum • 50 g geriebener Pecorino • weißer Pfeffer • 1 Eiweiß

Zubereitung: 1 Stunde und 15 Minuten

763/3193 kcal/kJ 33 g Eiweiß 28 g Fett 94 g Kohlenhydrate

1 Das Mehl auf ein Backbrett sieben und in die Mitte eine Mulde drücken.

2 Die Eier verquirlen, salzen, mit etwas Olivenöl in die Mulde gießen und das Mehl vom Rand her mit den Fingern nach und nach untermischen.

3 Den Teig gut durchkneten, bis er geschmeidig und glatt ist. 30 Minuten in ein feuchtes Tuch gewickelt ruhen lassen.

4 Die Zwiebel abziehen und fein würfeln. Die Knoblauchzehen abziehen und durchpressen. Pinienkerne, Petersilie und Basilikum hacken.

5 Zwiebel, Knoblauch, Pinienkerne, Kräuter, Pecorino mit etwas Olivenöl zu einer einheitlichen Masse verarbeiten. Mit Salz und Pfeffer würzen.

6 Den Teig auf einer bemehlten Arbeitsfläche möglichst dünn ausrollen. Kreise von 8 Zentimeter Durchmesser ausstechen. Jeweils 1 Teelöffel von der Füllung darauf setzen, die Ränder mit Eiweiß bestreichen und die Kreise zu Halbmonden zusammenklappen. Den Rand um die Füllungen gut andrücken. Nun die Spitzen der Halbkreise zusammenführen, andrücken, den hinteren Rand umklappen und auf diese Weise die Tortelli formen.

7 In einem großen Topf Salzwasser zum Kochen bringen. Die Tortelli einzeln hineingleiten lassen, 3 bis 4 Minuten garen, dann mit einem Schaumlöffel herausnehmen und abtropfen lassen.

Petersilie hält sich einige Tage frisch, wenn man sie in ein Glas Wasser stellt. Klein geschnitten eignet sie sich auch gut zum Einfrieren.

Kartoffelgnocchi mit Salbei

**Zubereitungs-
zeit: 1 Stunde
und 15 Minuten**

**329/1376 kcal/kJ
12 g Eiweiß
9 g Fett
49 g Kohlen-
hydrate**

Zutaten für 4 Portionen

*500 g Kartoffeln • 160–200 g Mehl (je nach Feuchtigkeit
der Kartoffeln) • 4 Eigelbe • 1 Bund Salbei • Salz, weißer
Pfeffer • frisch geriebene Muskatnuss • 30 g geriebener
Pecorino*

1 Die Kartoffeln in leicht gesalzenem Wasser weich kochen. Abgießen und abkühlen lassen.

2 Die Kartoffeln schälen und mit einer Kartoffelpresse in eine Schüssel pressen. Mehl und Eigelbe zugeben und zu einem glatten Teig verarbeiten.

3 Den Salbei hacken und unter die Kartoffelmasse heben. Mit Salz, Pfeffer und geriebener Muskatnuss würzen.

4 Aus der Karoffelmasse 2 Zentimeter dicke Rollen formen, in 3 Zentimeter lange Stücke teilen und in jedes mit einer

*Klassisch und doch
immer wieder
ein Genuss:
Gnocchi mit fri-
schem Salbei.*

Gabel durch eine Halbdrehung eine Welle eindrücken.

5 Die Gnocchi in siedendem gesalzenem Wasser ziehen lassen, bis sie an der Oberfläche schwimmen. Mit einem Schaumlöffel herausschöpfen und abtropfen lassen.

6 Mit dem geriebenen Käse bestreuen. Dazu passt eine leichte Tomatensauce.

Farfalle mit Zucchini, Walnüssen und Salbei

Zutaten für 4 Portionen

2 Zucchini • 1 kleine Zwiebel • 1/2 Bund Salbei • 50 g Walnüsse • 2 EL Olivenöl • 2 EL Marsala • 250 passierte Tomaten Salz, schwarzer Pfeffer • 500 g Penne

Zubereitungszeit: 25 Minuten

**540/2259 kcal/kJ
18 g Eiweiß
8 g Fett
94 g Kohlenhydrate**

1 Die Zucchini waschen, putzen, erst in Scheiben, dann in Stifte schneiden.

2 Die Zwiebel abziehen und würfeln. Die Salbeiblätter abzupfen und in Streifen schneiden. Die Walnüsse grob hacken.

3 Das Olivenöl in einer großen Pfanne erhitzen und Zucchini darin 5 Minuten braten.

4 Die Zwiebelwürfel zugeben und dünsten, bis sie glasig sind. Salbei und Walnüsse hinzufügen und kurz mitgaren.

5 Den Pfanneninhalt mit Marsala ablöschen, reduzieren lassen und mit den passierten Tomaten aufgießen. Die Sauce 5 Minuten zugedeckt bei schwacher Hitze kochen und mit Salz und Pfeffer abschmecken.

6 Die Farfalle in reichlich Salzwasser in 10 bis 12 Minuten al dente kochen.

7 Die Nudeln abgießen und direkt unter die Sauce heben. Nochmals mit Salz und Pfeffer abschmecken.

Kräuterrisotto

**Zubereitungs-
zeit: 30 Minuten**

**708/2964 kcal/kJ
14 g Eiweiß
33 g Fett
84 g Kohlen-
hydrate**

Zutaten für 4 Portionen

1 l Fleisch- oder Gemüsebrühe · 1 Zwiebel · 1 Bund Salbei
1 Bund Rosmarin · 100 ml Olivenöl · 400 g Arborio- oder
Vialone-Reis · 100 ml Weißwein · 1 TL Oregano · Salz, Pfeffer
1 Bund Basilikum · 1 EL Butter · 50 g geriebener Pecorino

**Risotto lässt
sich je nach
Geschmack sehr
gut variieren: ob
als Beilage oder
Hauptgericht,
vegetarisch oder
mit Fleisch,
scharf oder mild.**

1 Die Fleisch- oder Gemüsebrühe aufkochen und während der gesamten Zubereitung bei schwacher Hitze warm halten.

2 Die Zwiebel abziehen und würfeln. Salbei- und Rosmarinblätter fein hacken.

3 Das Olivenöl in einem Topf mit schwerem Boden erhitzen, Zwiebeln hinzufügen und in 4 Minuten glasig dünsten. Den Reis und die gehackten Kräuter unterrühren und 1 bis 2 Minuten mitgaren.

4 Mit Weißwein ablöschen und einkochen. 1 Schöpflöffel der heißen Brühe dazugeben und umrühren. Wenn die Flüssigkeit aufgesogen ist, einen weiteren Schöpflöffel zugeben und so verfahren, bis der Reis gar ist, aber noch Biss hat, was etwa 20 Minuten dauert. Die Hitze so anpassen, dass der Reis stets leicht kocht. Gelegentlich umrühren.

5 Den Risotto mit Oregano, Salz und Pfeffer abschmecken.

6 Die Basilikumblätter in feine Streifen schneiden. Den Topf vom Herd nehmen, Basilikum und Butter unterrühren und 2 Minuten stehen lassen. Mit Pecorino bestreuen und servieren.

INFO Kräuter wie Rosmarin, die ihr volles Aroma erst nach einer längeren Garzeit entfalten, finden in einem Risotto einen hervorragenden Wirkungsbereich.

Risotto mit Lammfleisch, Minze und Pinienkernen

Zutaten für 4 Portionen

1 l Gemüsebrühe • 1 kleine Zwiebel • 2 Knoblauchzehen 400 g ausgelöster Lammrücken • 2 EL Öl • 75 g Pinienkerne 400 g Arborio- oder Vialone-Reis • 100 ml Weißwein • Salz, Pfeffer • 1/2 Bund Minze • 1 EL Butter • 50 g geriebener Parmesan

Zubereitungszeit: 35 Minuten

853/3577 kcal/kJ
36 g Eiweiß
41 g Fett
82 g Kohlenhydrate

1 Die Gemüsebrühe aufkochen und während der gesamten Zubereitung bei schwacher Hitze warm halten.

2 Zwiebel und Knoblauchzehen abziehen und würfeln. Das Lammfleisch würfeln.

3 Das Öl in einem Topf mit schwerem Boden erhitzen. Das Lammfleisch darin bei starker Hitze anbraten. Die Temperatur reduzieren, Zwiebel und Knoblauch zugeben und mitdünsten. Pinienkerne hinzufügen und mitbraten, bis sie braun werden.

4 Den Reis einrühren und in 2 Minuten glasig dünsten. Mit dem Weißwein ablöschen. Etwa die Hälfte der Brühe angießen, gut umrühren und aufkochen lassen. Den Reis bei schwacher Hitze in 20 Minuten bissfest garen. Dabei gelegentlich umrühren und nach und nach die restliche Brühe dazugeben.

5 Mit Salz und Pfeffer würzen. Die Minze in Streifen schneiden. Den Topf vom Herd nehmen und Butter, Minze und Parmesan einrühren. Zugedeckt 2 Minuten stehen lassen, damit sich die Aromen miteinander verbinden.

INFO Gerichte mit Minze, Knoblauch und Lammfleisch sind vor allem in der arabischen Küche weit verbreitet.

Fleisch und Geflügel

Bei Fleisch- und Geflügelgerichten sieht es auf den ersten Blick so aus, als spielten die Kräuter nur eine Nebenrolle. Aber was wäre der Hauptdarsteller ohne Unterstützung? Meist sind es die Kräuter, die das entscheidende Etwas ausmachen und den besonderen Geschmack hervorheben. Darüber hinaus unterstützen die Kräuter durch ihre verdauungsfördernde Wirkung die Bekömmlichkeit von schweren und fetten Speisen. Bei manchen Rezepten wurde den Kräutern für den Liebhaber erlaubt, geschmacksbestimmend zu sein. Die Gewürzmenge kann im Bedarfsfall reduziert werden.

Leber mit Minze

Zutaten für 4 Portionen
1 Zwiebel · 1 Knoblauchzehe · 2 EL Öl · 600 g Kalbsleber 50 g Mehl · 2 EL Butter · 100 ml Rotweinessig 1 Bund Minze · Salz, Pfeffer

Zubereitungs-zeit: 30 Minuten

**360/1508 kcal/kJ
33 g Eiweiß
17 g Fett
18 g Kohlen-hydrate**

1 Zwiebel und Knoblauch abziehen, würfeln und im Öl leicht braun braten. Aus der Pfanne nehmen.

2 Die Leber von Häuten befreien, in Streifen schneiden und im Mehl wenden.

3 Die Butter in der Pfanne zerlassen und die Leberstreifen darin unter ständigem Rühren braten. Zwiebeln und Knoblauch wieder hinzufügen.

4 Rotweinessig und Minze zugeben und unter Weiterrühren bei schwacher Hitze in 5 Minuten einkochen lassen. Mit Salz und Pfeffer abschmecken und servieren.

Die hohe Kunst des Kochens mit Kräutern: Entenbrust mit Zitronen-Thymian-Creme (Rezept siehe Seite 86).

Entenbrust mit Zitronen-Thymian-Creme

Zubereitungszeit: 40 Minuten

484/2028 kcal/kJ
32 g Eiweiß
38 g Fett
4 g Kohlenhydrate

Zutaten für 4 Portionen

1/2 Bund Thymian · 2 Zitronen · 100 g Sauerrahm
2 EL Frischkäse · 50 g Sahne · Tabasco · Salz, Pfeffer
700 g Entenbrust · 2 EL Öl

1 Die Thymianblättchen abzupfen und fein hacken. Die Zitronen schälen, so dass auch die weiße Haut entfernt ist. Das Fruchtfleisch aus den Zwischenwänden schneiden und würfeln. Den Saft dabei auffangen.

2 Sauerrahm, Frischkäse und Sahne zu einer sämigen Creme verrühren. Thymian, Zitronenfilets und -saft unterheben. Mit Tabasco, Salz und Pfeffer würzen.

3 Den Backofen auf 200 °C (Gas Stufe 3–4) vorheizen.

4 Die Entenbrüste auf der Fettseite mehrmals schräg einschneiden und rundum mit Salz und Pfeffer bestreuen.

5 Das Öl bei starker Hitze in einer Gusspfanne heiß werden lassen und die Entenbrüste auf der Unterseite anbraten. Wenden, in den Ofen schieben und etwa 15 Minuten braten, bis das Fleisch innen rosa ist. Nach 10 Minuten Bratzeit die Entenbrüste nochmals wenden, so dass die Fettseite wieder oben ist.

6 Nach der Garzeit das Fleisch im ausgeschalteten Ofen noch einige Minuten ruhen lassen. Die Zitronen-Thymian-Creme nochmals gut durchrühren.

7 Auf vier Teller jeweils 1 Esslöffel der Zitronen-Thymian-Creme geben und zu einem Spiegel verstreichen. Die Entenbrüste in Scheiben schneiden, darauf anrichten und sofort servieren.

Hähnchenschmortopf mit Rosmarin

Zutaten für 4 Portionen

500 g Tomaten · 250 g Champignons · 8 Schalotten
4 Knoblauchzehen · 1 Bund Rosmarin · 1 Poularde à 1,6 kg
edelsüßes Paprikapulver · Salz, Pfeffer · 2 EL Olivenöl
1 EL Butter · 300 ml Hühnerbrühe

Zubereitungszeit: 1 Stunde und 15 Minuten

738/3091 kcal/kJ
52 g Eiweiß
55 g Fett
9 g Kohlenhydrate

1 Die Tomaten vom Stielansatz befreien, an der Unterseite kreuzweise einschneiden und 1 Minute blanchieren. Dann abgießen, abschrecken, abziehen, vierteln und entkernen.

2 Die Champignons putzen. Große Pilze halbieren oder vierteln.

3 Schalotten und Knoblauchzehen abziehen, die Schalotten vierteln, die Knoblauchzehen halbieren. Den Rosmarin in kleinere Zweige zerteilen.

4 Die Poularde in 8 Teile zerlegen. Mit Paprikapulver, Salz und Pfeffer würzen und die Hähnchenteile in heißem Öl auf der Hautseite kurz anbraten.

5 Eine Auflaufform buttern. Das Fleisch aus der Pfanne nehmen, Champignons, Schalotten, Knoblauch und Rosmarin in die Pfanne geben und andünsten. Mit Salz und Pfeffer würzen und zusammen mit den Tomaten in die Auflaufform füllen.

6 Die Hähnchenteile mit der Hautseite nach oben auf das Gemüse legen und mit der Hühnerbrühe aufgießen.

7 Den Backofen auf 220 °C (Gas Stufe 4–5) aufheizen und das Hähnchen darin 40 Minuten braten. Das Fleisch ab und zu mit etwas Brühe begießen, damit die Haut knusprig wird.

Für das Zerlegen von Geflügel sollte man nur Bretter und Messer verwenden, die sich gut reinigen lassen. Bretter aus Holz sind weniger geeignet.

TIPP Wegen seines starken Eigengeschmacks sollte man beim Würzen mit Rosmarin etwas vorsichtig sein.

Schweinefiletmedaillons mit glasiertem Salbei

**Zubereitungs-
zeit: 25 Minuten**

**321/1344 kcal/kJ
39 g Eiweiß
14 g Fett
9 g Kohlen-
hydrate**

Zutaten für 4 Portionen

*700 g Schweinefilet · 2 EL Öl · Salz, Pfeffer · 2 Bund Salbei
2 EL Honig · 2 EL Butter · 1 TL Balsamicoessig*

1 Das Schweinefilet von Fett und Sehnen befreien, in Medaillons schneiden und diese mit dem Handballen etwas flach drücken.

2 Das Öl erhitzen, die Schweinefilets 4 Minuten anbraten, wenden, salzen, pfeffern und weitere 4 Minuten braten.

3 Die Salbeiblätter abzupfen, in feine Streifen schneiden und zu den Medaillons geben.

4 Honig, Butter, Balsamicoessig und 2 Esslöffel Wasser hinzufügen, und rühren, bis sich der Honig vollständig aufgelöst hat.

5 Das Fleisch nochmals wenden und die Sauce bei schwacher Hitze einkochen, bis die Medaillons damit glänzend überzogen sind.

Tellerfleisch mit Frankfurter Sauce

**Zubereitungs-
zeit: 2 Stunden
und 30 Minuten**

**562/2348 kcal/kJ
35 g Eiweiß
42 g Fett
12 g Kohlen-
hydrate**

Zutaten für 4 Portionen

200 g frische Kräuter (Dill, Schnittlauch, Petersilie, Estragon, Pimpinelle, Kerbel, Liebstöckel, Zitronenmelisse und Borretsch) · 2 hart gekochte Eier · 200 g Sauerrahm · 1 TL Senf 1 TL Zitronensaft · 1 EL Essig · Zucker · Salz, Pfeffer · 1 Bund Suppengrün · 600 g Rindfleisch (Hochrippe, Mittelbug oder Brustkern)

1 Für die Sauce die Kräuter fein hacken. Die hart gekochten Eier pellen und ebenfalls hacken.

2 Sauerrahm, Senf, Zitronensaft und Essig verrühren. Kräuter und Ei unterheben. Mit Zucker, Salz und Pfeffer würzen, im Kühlschrank 2 Stunden durchziehen lassen.

3 Das Suppengrün putzen und grob würfeln. Mit 2 Liter Wasser und Salz in einen Topf geben und aufkochen.

4 Das Rindfleisch mit kaltem Wasser abspülen und in den kochenden Sud legen. Bei schwacher Hitze 2 bis 2 1/2 Stunden ziehen lassen, bis das Fleisch weich ist. Anfangs den Schaum mehrmals abschöpfen.

5 Die Sauce aus dem Kühlschrank nehmen, nochmals durchrühren und Zimmertemperatur annehmen lassen.

6 Das Fleisch aus der Flüssigkeit heben, abtropfen lassen, in Scheiben schneiden und mit etwas Brühe begießen. Die Sauce getrennt dazu reichen. Dazu passen Stampfkartoffeln.

Es muss nicht immer die klassische Frankfurter Sauce, übrigens ein Leibgericht Goethes, sein. Sie können auch aus Kräutern von der Fensterbank Ihre ganz eigene grüne Sauce zubereiten.

Erst die Vielzahl der Kräuter (mindestens sieben müssen es sein) gibt der Frankfurter Sauce ihren unnachahmlichen frischen Geschmack.

Gefüllter Gänsebraten mit Beifuß

**Zubereitungs-
zeit: 4 Stunden**

**1309/5473 kcal/kJ
85 g Eiweiß
94 g Fett
30 g Kohlen-
hydrate**

Zutaten für 6 Portionen

*1 Gans • 400 g Süßkartoffeln • 2 Äpfel • 2 Stangen Stauden-
sellerie • 1 Bund Beifuß • 2 EL Senfkörner • 1 EL Zitronensaft
Salz, Pfeffer • 15 g Mehl • 20 g Butter • 1 Zwiebel • 1/4 Knolle
Sellerie • 100 ml Apfelwein • 1 TL süßer Senf*

**Wegen seiner
verdauungs-
anregenden
Wirkung zählt
Beifuß zu den
klassischen Ge-
würzen für fette
Fleischspeisen
und andere
schwere Gerichte
wie beispiels-
weise Gänse-
braten.**

1 Die Gans waschen und trockentupfen. Das Gänsefett auslösen.

2 Die Süßkartoffeln schälen und in Würfel schneiden. In einer Pfanne 2 Esslöffel Gänsefett auslassen und die Kartoffelwürfel darin 10 Minuten braten.

3 In der Zwischenzeit die Äpfel schälen, vom Kerngehäuse befreien und würfeln. Den Staudensellerie in Scheiben schneiden. Den Beifuß hacken. Diese Zutaten mit Süßkartoffeln und Senfkörnern vermischen. Mit Zitronensaft, Salz und Pfeffer würzen.

4 Die Apfel-Süßkartoffel-Masse in die Gans füllen und die Öffnung verschließen. Die Keulen zusammenbinden.

5 Innereien und Hals der Gans in die Saftpfanne des Backofens geben und die Gans mit dem Rücken darauf legen. In den Ofen schieben und bei 180 °C (Gas Stufe 2–3) 2 1/2 bis 3 Stunden braten.

6 Mehl und Butter miteinander verkneten und kalt stellen.

7 Nach 30 Minuten noch vorhandene Federkiele mit einer Pinzette aus der Gans ziehen. Zwiebel und Sellerie putzen, grob würfeln und um die Gans verteilen.

8 Nach 1 1/2 Stunden die Haut um die Keulen herum einstechen und 500 Milliliter Wasser zugießen.

9 Am Ende der Bratzeit die Gans auf ein Backblech legen und 20 Minu-

ten bei 220 °C (Gas Stufe 4–5) überbräunen.
10 Die Röststoffe von der Saftpfanne mit 500 Milliliter Wasser lösen und durch ein Sieb gießen. Die Sauce entfetten, Apfelwein und Senf zugeben und die Mehl-Butter-Mischung in kleinen Flöckchen unterschlagen.
11 Bei schwacher Hitze 15 Minuten kochen und mit Salz und Pfeffer abschmecken.

Schweinekoteletts mit Majoran-Zwiebel-Gemüse

Zutaten für 4 Portionen
400 g Zwiebeln • 1 Bund Majoran • 1/2 Bund Petersilie
4 Schweinekoteletts • Salz, Pfeffer • 2 EL Butterschmalz
1 EL Senfkörner • 2 EL Weißwein • 250 ml Fleischbrühe
2 EL Sauerrahm

Zubereitungszeit: 35 Minuten

389/1627 kcal/kJ
35 g Eiweiß
23 g Fett
9 g Kohlenhydrate

1 Die Zwiebeln abziehen und in Ringe schneiden. Den Majoran und die Petersilie hacken.
2 Die Koteletts mit Salz und Pfeffer würzen und in einer Pfanne im Butterschmalz auf beiden Seiten anbraten.
3 Das Fleisch aus der Pfanne nehmen, die Zwiebelringe hineingeben und goldgelb dünsten. Die Senfkörner und den Majoran zugeben. Mit Weißwein und Fleischbrühe aufgießen und aufkochen.
4 Die Koteletts auf die Zwiebeln legen und zugedeckt bei mittlerer Hitze 12 Minuten schmoren.
5 Das Fleisch auf vier Tellern anrichten. Das Zwiebelgemüse mit Salz und Pfeffer abschmecken, Sauerrahm und Petersilie einrühren, das Gemüse über die Koteletts geben.

Kalbsrücken im Speckmantel

**Zubereitungs-
zeit: 1 Stunde
und 20 Minuten**

**863/3618 kcal/kJ
54 g Eiweiß
69 g Fett
5 g Kohlen-
hydrate**

**Feinkostläden
oder gut sor-
tierte Super-
märkte verkau-
fen Kalbsfond
fertig in
Gläsern.**

Zutaten für 4 Portionen

*1 Knoblauchzehe • 1 Bund Basilikum • 40 g Pinienkerne
3 EL Olivenöl • Salz, Pfeffer • 1 kg Kalbsrücken ohne Knochen
2 EL Öl • 150 g Frühstücksspeck in Scheiben • 1 Zwiebel
1 Zweig Rosmarin • 1/2 Bund Majoran • 100 ml Weißwein
400 ml Kalbsfond • 1 TL Speisestärke*

1 Die Knoblauchzehe abziehen und würfeln. Die Basilikumblätter abzupfen. Knoblauch, Basilikum und Pinienkerne mit dem Olivenöl zu einer Paste pürieren. Mit Salz und Pfeffer würzen.

2 Den Kalbsrücken von Fett und Sehnen befreien. Das Öl in einer Bratreine erhitzen und das Fleisch von beiden Seiten scharf anbraten. Auf der Oberseite mit der Basilikumpaste einreiben und mit den Speckscheiben belegen. Bei 180 °C (Gas Stufe 2–3) 45 Minuten im Ofen braten.

3 Die Zwiebel abziehen und würfeln. Das Fleisch aus dem Ofen nehmen und warm stellen.

4 Das Bratöl abgießen und die Zwiebelwürfel zusammen mit den Kräutern in der Bratreine andünsten. Mit dem Weißwein ablöschen und fast vollständig verkochen. Mit dem Kalbsfond aufgießen und um die Hälfte reduzieren lassen.

5 Die Speisestärke mit etwas kaltem Wasser glatt rühren und den Fond damit andicken. Durch ein Sieb passieren und mit Salz und Pfeffer abschmecken.

6 Das Fleisch in Scheiben schneiden und die Sauce getrennt dazu reichen.

INFO Majoran ist ein typisches Einzelgewürz. Er passt aber gut zu dem ebenfalls stark aromatischen Rosmarin.

Kalbsbrust mit Petersilienfüllung

Zutaten für 4 Portionen

2 alte Brötchen • 2 Bund Petersilie • 1 Zwiebel • 2 Eier
80 ml Milch • 1 EL Butter • Muskatnuss • Salz, Pfeffer
700 g Kalbsbrust von der Brustspitze (Knochen vom Metzger auslösen lassen) • 1 Bund Suppengrün • 2 EL Öl
500 ml Rinderbrühe • 4 EL Sauerrahm

Zubereitungszeit: 2 Stunden und 15 Minuten

525/2198 kcal/kJ
45 g Eiweiß
27 g Fett
25 g Kohlenhydrate

1 Die Brötchen klein schneiden. Die Petersilie hacken. Die Zwiebel abziehen und 1/4 davon würfeln.

2 Die Eier mit der Milch verschlagen. Die Butter zerlassen. Brötchen, Petersilie, gewürfelte Zwiebel und zerlassene Butter zur Eier-Milch-Mischung geben und unterheben. Mit Muskat, Salz und Pfeffer würzen.

3 Die Kalbsbrust gründlich waschen, trockentupfen und eine Tasche hineinschneiden. Innen- und Außenseite mit etwas Salz einreiben, die Brötchenmasse in die Tasche füllen und die Öffnung verschließen.

4 Suppengrün putzen und grob zerkleinern.

5 Das Öl in einem Bräter erhitzen und die Kalbsbrust darin von allen Seiten kräftig anbraten.

6 Suppengrün und restliche Zwiebel zugeben und mit der Rinderbrühe aufgießen. Zugedeckt bei 200 °C (Gas Stufe 3–4) etwa 1 1/2 Stunden im Ofen schmoren.

7 Nach Ende der Garzeit die Kalbsbrust aus dem Topf nehmen und warm halten.

8 Die Sauce durch ein Sieb passieren, nochmals kurz aufkochen, dann vom Herd nehmen. Den Sauerrahm einrühren und mit Salz und Pfeffer abschmecken.

9 Das Fleisch in Scheiben schneiden und die Sauce getrennt dazu reichen.

Putenschnitzel mit Zitronenmelissenschaum

Zubereitungs-zeit: 45 Minuten

509/2127 kcal/kJ
55 g Eiweiß
23 g Fett
20 g Kohlen-hydrate

Zutaten für 4 Portionen
30 g Butter • 60 g Mehl • 1/2 l Milch • Muskatnuss • Salz,
Pfeffer • 1 Bund Zitronenmelisse • 4 Putenschnitzel
1 TL edelsüßes Paprikapulver • 2 EL Öl • 50 g Sahne
1 El Zitronensaft

1 Die Butter zerlassen,
20 Gramm Mehl ein-
rühren, mit der Milch aufgießen und unter Rühren
aufkochen. Bei schwacher
Hitze 15 Minuten kochen
und dabei mehrmals um-
rühren, da die Sauce
leicht anbrennt. Mit Mus-

katnuss, Salz und Pfeffer
würzen.
2 Die Zitronenmelisse
fein hacken und unter die
Sauce heben.
3 Die Putenschnitzel etwas flach klopfen und mit
Salz und Pfeffer würzen.
Das restliche Mehl mit

*Wird garantiert
der Renner auf
Ihrer Grillparty:
Kaninchenspieße
mit Oregano-
butter.*

dem Paprikapulver vermischen und die Schnitzel darin wenden.

4 Das Öl in einer Pfanne erhitzen und die Putenschnitzel darin in 8 bis 10 Minuten gar braten.

5 In der Zwischenzeit die Sahne steif schlagen. Die Sauce nochmals erwärmen und mit einem Mixstab pürieren. Zitronensaft einrühren. Kurz vor dem Servieren die Sahne mit einem Schneebesen unterheben und nochmals mit Salz und Pfeffer abschmecken.

Kaninchenspieße mit Oreganobutter

Zutaten für 4 Portionen

4 ausgelöste Kaninchenrücken • je 1 gelbe und rote Paprikaschote • 8 Rosmarinzweige • 2 EL Olivenöl Salz, Pfeffer • 50 g Butter • 1/2 Bund Oregano

Zubereitungszeit: 35 Minuten

472/1972 kcal/kJ
40 g Eiweiß
32 g Fett
6 g Kohlenhydrate

1 Die Kaninchenrücken in etwa 1 1/2 Zentimeter dicke Scheiben schneiden.

2 Paprika waschen, halbieren, von Stielansatz und Kernen befreien und in Stücke schneiden.

3 Mit einem Holzspieß Löcher in die Mitte der Kaninchen- und Paprikastücke stechen und sie abwechselnd auf die Rosmarinzweige auffädeln.

4 Das Öl in einer Pfanne erhitzen und die Kaninchenspieße unter mehrmaligem Drehen 10 Minuten braten. Mit Salz und Pfeffer würzen.

5 Oregano hacken und mit der Butter in die Pfanne geben. Die Kaninchenspieße darin wenden, bis sie mit der Oregano-Butter-Mischung überzogen sind.

TIPP Als Beilage zu diesem Gericht passen sehr gut gebackene Tomaten.

Pochierter Kalbsrücken mit Speck-Salbei-Sauce

**Zubereitungs-
zeit: 2 Stunden**

**976/4093 kcal/kJ
58 g Eiweiß
75 g Fett
18 g Kohlen-
hydrate**

**Die heilende
Wirkung des
Salbeis wurde
schon im Alter-
tum von
Griechen und
Römern sehr ge-
schätzt. Seinen
Namen ver-
dankt er dem la-
teinischen Wort
»salvare«, was
übersetzt heilen
bedeutet.**

Zutaten für 4 Portionen

*100 g Bauchspeck • 1 große Zwiebel • 4 Knoblauchzehen
4 EL Öl • 1 Bund Salbei • 2 Zweige Thymian • 2 Lorbeerblätter
800 ml Kalbsfond • 800 ml Milch • 1 TL grob zerstoßener
Pfeffer • 1 kg Kalbsrücken ohne Knochen • Salz, Pfeffer
2 Tomaten • 150 g Sahne • 1 EL Butterschmalz*

1 Den Speck würfeln. Zwiebel und Knoblauchzehen abziehen. Die Zwiebel würfeln.

2 1 Esslöffel Öl in einem großen Topf erhitzen und Speck- und Zwiebelwürfel darin anbraten. 8 Salbeiblätter in Streifen schneiden und zusammen mit den Thymianzweigen, den Lorbeerblättern und den ganzen Knoblauchzehen zugeben.

3 Kalbsfond und Milch in den Topf gießen und die Flüssigkeit um 1/3 einkochen lassen. Mit 1 Teelöffel zerstoßenem Pfeffer würzen.

4 Den Kalbsrücken von Fett und Sehnen befreien. Im restlichen Öl von beiden Seiten scharf anbra-

ten. Salzen, pfeffern und in den Pochierfond legen. Das Fleisch langsam in 25 Minuten bei 80 °C (die Flüssigkeit darf nicht kochen) gar ziehen lassen.

5 In der Zwischenzeit die Tomaten vom Stielansatz befreien, an der Unterseite kreuzweise einschneiden und 1 Minute blanchieren. Abgießen, abschrecken, abziehen, vierteln, entkernen und würfeln. Restlichen Salbei in Streifen schneiden.

6 Das Kalbfleisch aus dem Fond heben und warm halten.

7 Den Pochierfond durch ein Sieb in einen Topf abgießen und mit der Sahne in 20 Minuten sämig einkochen lassen.

8 Die Lorbeerblätter und Knoblauchzehen von den Würzzutaten des Fonds entfernen und den Rest im Butterschmalz anbraten. Die Salbeistreifen hinzufügen, kurz mitbraten und zusammen mit den Tomatenwürfeln in die Sauce geben.

9 Den Kalbsrücken in Scheiben schneiden und auf vier Tellern anrichten. Die Sauce mit Salz und Pfeffer abschmecken und über das Fleisch geben.

Hähnchenbrust mit Roquefort-Kräuter-Creme in Mangold gewickelt

Zutaten für 4 Portionen

8 Mangoldblätter · 150 g Roquefort · 1 Stängel Minze 1 Zweig Rosmarin · 1/2 Bund Oregano · 80 g saure Sahne Salz, Pfeffer · 4 Hähnchenbrüste · 2 EL Öl · 1 EL Butter

Zubereitungszeit: 45 Minuten

425/1778 kcal/kJ 51 g Eiweiß 23 g Fett 3 g Kohlenhydrate

1 Die Mangoldblätter blanchieren, abgießen, abschrecken und abtropfen lassen.

2 Den Roquefort würfeln und mit einer Gabel zerdrücken. Minze, Rosmarin und Oregano hacken und mit der sauren Sahne unter den Käse heben. Mit Salz und Pfeffer abschmecken.

3 Die Hähnchenbrüste von Brustbein und Fettresten befreien. Mit Salz und Pfeffer bestreuen und auf beiden Seiten jeweils 2 Minuten in heißem Öl anbraten.

4 Die Mangoldblätter auslegen, mit der Käse-Kräuter-Creme bestreichen, je 1/2 Hähnchenbrust darauf legen und einwickeln.

5 Eine Auflaufform oder ein Backblech buttern, und die in Mangold gewickelten Hähnchenbrüste 10 Minuten bei 200 °C (Gas Stufe 3–4) im Ofen braten.

Lammhackbällchen mit Minze

**Zubereitungs-
zeit: 35 Minuten**

**491/2056 kcal/kJ
33 g Eiweiß
38 g Fett
5 g Kohlen-
hydrate**

Zutaten für 4 Portionen

*1 Zwiebel • 2 Knoblauchzehen • 1 Bund Minze • 1/2 Bund
Petersilie • 100 g Schafskäse • 500 g Lammhackfleisch
1 Ei • 1 TL Sesamöl • Kardamom • Salz, Pfeffer • 4 EL Sesam-
körner • 2 EL Öl*

1 Zwiebel und Knob-
lauchzehen abziehen und
würfeln. Minze- und Pe-
tersilienblättchen abzup-
fen und fein hacken.
2 Den Schafskäse zerkrümeln und mit dem Hack-
fleisch mischen. Zwiebel,
Knoblauch, Minze, Peter-
silie, Ei und Sesamöl hinzugeben und einarbeiten.

Mit Kardamom, Salz und
Pfeffer würzen.
3 Aus der Fleischmasse
Bällchen von 3 Zentime-
ter Durchmesser formen
und in den Sesamsamen
wälzen.
4 Die Bällchen in heißem
Öl unter mehrmaligem
Wenden bei mittlerer Hit-
ze 12 Minuten braten.

Lammkoteletts mit gebratenem Salbei und Petersilie

**Zubereitungs-
zeit: 30 Minuten**

**723/3021 kcal/kJ
47 g Eiweiß
55 g Fett
12 g Kohlen-
hydrate**

Zutaten für 4 Portionen

*16 Lammkoteletts • Salz, Pfeffer • 2 EL Olivenöl • 1 Bund
Salbei • 1 Bund Petersilie • 50 g Mehl • 50 g Butter*

1 Lammkoteletts wa-
schen und trockentupfen.
Die Rippenknochen
freischaben und das
Fleisch mit Salz und Pfeffer würzen.

2 Das Olivenöl in einer
Pfanne erhitzen und die
Koteletts auf jeder Seite
5 Minuten braten.
3 In der Zwischenzeit die
Salbeiblätter abzupfen

und die Petersilie in kleine Sträußchen zerteilen. Die Kräuter mit Mehl bestäuben.

4 Die Butter zerlassen und Salbei und Petersilie bei schwacher Hitze 5 Minuten knusprig braten.

5 Die Lammkoteletts auf vier Teller verteilen und mit den gebratenen Kräutern garnieren.

Huhn mit Paprika und Majoran

Zutaten für 4 Portionen

4 gelbe Paprikaschoten • 4 EL Olivenöl • 1 Hähnchen à 1,2 kg 1 Zwiebel • 1 Bund Majoran • Salz, Pfeffer • 200 ml Weißwein • 500 g passierte Tomaten

Zubereitungszeit: 50 Minuten

**692/2895 kcal/kJ
41 g Eiweiß
50 g Fett
11 g Kohlenhydrate**

1 Die Paprikaschoten waschen, halbieren, von Stielansatz und Kernen befreien und in Streifen schneiden.

2 2 Esslöffel Olivenöl erhitzen, die Paprikastreifen darin anbraten und zugedeckt im eigenen Saft 10 Minuten dünsten.

3 Das Hähnchen waschen, trockentupfen und in 8 Teile zerlegen. Die Zwiebel abziehen, halbieren und in Ringe schneiden. Den Majoran fein hacken.

4 Die Hähnchenteile salzen, pfeffern und im restlichen Olivenöl anbraten. Die Zwiebel zugeben und kurz mitbraten. Mit Weißwein ablöschen und mit Majoran bestreuen. Zugedeckt 15 Minuten garen.

5 Passierte Tomaten und Paprikastreifen hinzufügen und das Ganze weitere 10 Minuten zugedeckt bei schwacher Hitze ziehen lassen.

6 Die Hähnchenteile auf vier Tellern anrichten. Die Sauce mit Salz und Pfeffer abschmecken und zum Fleisch geben. Als Beilage passt Reis.

Geschmorter Tafelspitz mit Dillsauce

**Zubereitungs-
zeit: 2 Stunden
und 15 Minuten**

**457/1914 kcal/kJ
40 g Eiweiß
26 g Fett
13 g Kohlen-
hydrate**

Zutaten für 4 Portionen
*700 g Tafelspitz • Salz, Pfeffer • 4 EL Öl • 100 ml Weißwein
150 ml Milch • 250 ml Rinderbrühe • 2 Scheiben Toastbrot
2 EL Butter • 50 g frischer Meerrettich • 1 Bund Dill
Zitronensaft • Zucker*

1 Den Tafelspitz salzen und pfeffern, in heißem Öl von allen Seiten scharf anbraten. Mit Weißwein und 500 Milliliter Wasser aufgießen und zugedeckt im Ofen bei 180 °C (Gas Stufe 2–3) 2 Stunden schmoren. Bei Bedarf noch Wasser zugeben.
2 Milch und Rinderbrühe aufkochen. Das Toastbrot von der Rinde befreien, würfeln und in die Flüssigkeit geben. Die Butter zugeben und die Sauce mit einem Mixstab pürieren. Durch ein Sieb passieren.
3 Den Meerrettich schälen und fein reiben. Den Dill hacken. Beides in die Sauce geben, erwärmen, aber nicht mehr kochen. Mit Zitronensaft, Salz und Zucker würzen.
4 Den Tafelspitz in Scheiben schneiden und die Dillsauce getrennt dazu reichen.

Kohlrabi mit Hackfleisch-Salbei-Füllung

**Zubereitungs-
zeit: 1 Stunde
und 30 Minuten**

Zutaten für 4 Portionen
*8 kleine oder 4 große Kohlrabi • 1 Zwiebel • 1 Knoblauchzehe
1 Bund Salbei • 175 g Hackfleisch • 1 Ei • 2 EL Semmelbrösel
Salz, Pfeffer • 2 EL Olivenöl • 100 ml Weißwein • 1 EL Kapern*

1 Die Kohlrabi putzen und schälen. In 25 bis 40 Minuten weich kochen, dann abgießen und etwas abkühlen lassen. Die Kohlrabi aushöhlen und das entfernte Kohlrabifleisch klein schneiden.

2 Zwiebel und Knoblauchzehe abziehen und würfeln. Den Salbei fein hacken.

3 Das Hackfleisch mit zerkleinertem Kohlrabi, Zwiebel, Knoblauch, Ei, Semmelbrösel und der Hälfte des Salbeis zu einem Fleischteig verarbeiten. Mit Salz und Pfeffer würzen.

4 Die Kohlrabi mit dem Hackfleisch füllen.

5 Eine Auflaufform mit Olivenöl fetten, mit Weißwein und etwa 100 Milliliter Wasser ausgießen und die Kohlrabi hineinsetzen. Bei 180 °C (Gas Stufe 2–3) 40 Minuten im Ofen garen.

6 Nach 30 Minuten Kapern und restlichen Salbei in die Auflaufform geben.

7 Die Kohlrabi mit der Garflüssigkeit auf vier Teller verteilen.

265/1108 kcal/kJ
13 g Eiweiß
17 g Fett
11 g Kohlenhydrate

Salbei eignet sich gut zum Trocknen oder Tiefgefrieren, ohne dass sein Aroma darunter leidet.

Ein gewöhnliches Gemüse mit einer ungewöhnlichen Füllung: Hackfleisch (auf dem Foto mit frischem Paprika) mit Salbei gemischt versetzt Sie in den Süden.

Gekräuterte Lammkeule

**Zubereitungs-
zeit: 5 Stunden
und 30 Minuten
(plus 1 Tag zum
Marinieren)**

**824/3445 kcal/kJ
47 g Eiweiß
60 g Fett
19 g Kohlen-
hydrate**

**Thymian
verleiht nicht
nur eine feine
Würze, sondern
macht fettere
Speisen auch
bekömmlicher.**

Zutaten für 4 Portionen

*2 Lammkeulen ohne Knochen (ca. 900 g) • 2 Bund Thymian
1 Bund Petersilie • 1 EL Senf • 2 EL Balsamicoessig • 6 EL Olivenöl • 2 EL Öl • 1 Bund Suppengrün • 2 Knoblauchzehen
1 TL Tomatenmark • 150 ml Rotwein • 2 Lorbeerblätter
einige Pfefferkörner • 2 Zwiebeln • 100 g getrocknete
Tomaten • 2 EL Butter • 20 g Mehl • Zucker • Salz, Pfeffer*

1 Die Lammkeulen häuten und von groben Sehnen befreien.

2 1 1/2 Bund Thymian und die Petersilie hacken. Mit Senf, Balsamicoessig und 4 Esslöffeln Olivenöl verrühren. Die Lammkeulen mit der Kräuterpaste einreiben und über Nacht marinieren.

3 Ebenfalls am Vortag Haut und Sehnen etwas klein schneiden und bei starker Hitze im Öl von allen Seiten anbraten.

4 Das Suppengrün putzen und würfeln. Die Knoblauchzehen abziehen und halbieren. Beides zu den Fleischresten geben und braun braten.

5 Das Tomatenmark zugeben und kurz mitrösten.

Mit der Hälfte des Weins ablöschen und die Flüssigkeit vollständig einkochen. Den Vorgang mit dem restlichen Wein wiederholen. Dann mit 1 1/2 Liter Wasser auffüllen, Lorbeerblätter und Pfefferkörner zufügen und 2 Stunden bei schwacher Hitze kochen.

6 Anschließend den Fond durch ein feines Sieb gießen und auf etwa 700 Milliliter einkochen.

7 Am nächsten Tag 2 Esslöffel Olivenöl in einer Bratreine erhitzen und die Lammkeulen von allen Seiten scharf anbraten. Die restlichen Thymianzweige zugeben und mit 400 Milliliter Lammfond auffüllen.

8 Den Backofen auf 170 °C (Gas Stufe 2) vorheizen und die Lammkeulen hineingeben. Alle 15 Minuten mit dem Fond begießen und verdampfte Flüssigkeit nachgießen. 3 Stunden braten.

9 Die Zwiebeln abziehen und achteln und mit den getrockneten Tomaten nach 1 1/2 Stunden zu den Lammkeulen geben.

10 Die Butter mit dem Mehl verkneten und in den Kühlschrank legen.

11 Nach Ende der Garzeit das Lammfleisch aus der Sauce heben und an einem warmen Ort zugedeckt ruhen lassen. Die Thymianzweige entfernen.

12 Die Mehlbutter hacken und in die kochende Sauce einrühren. Mit Zucker, Salz und Pfeffer abschmecken.

13 Das Fleisch in Scheiben schneiden, anrichten und mit der Sauce übergießen.

Putenbruststreifen in Kräuterpanade

Zutaten für 4 Portionen
600 g Putenbrust · 2 EL getrocknete Kräuter (Basilikum, Thymian, Rosmarin, Oregano) · 1 TL edelsüßes Paprikapulver 80 g Semmelbrösel · 2 Eier · Salz, Pfeffer · 60 g Mehl 2 EL Öl

1 Die Putenbrust in Streifen schneiden.

2 Getrocknete Kräuter, Paprikapulver und Semmelbrösel vermischen. Die Eier verschlagen.

3 Die Putenbruststreifen salzen und pfeffern. Zuerst im Mehl, dann in Ei und abschließend in der Kräuterpanade wenden.

4 Das Öl in einer Pfanne erhitzen und die Fleischstreifen darin unter ständigem Wenden in 10 Minuten knusprig braten.

Zubereitungszeit: 30 Minuten

388/1622 kcal/kJ
44 g Eiweiß
12 g Fett
26 g Kohlenhydrate

Gespickter Spanferkelbraten mit Kräuterjus

**Zubereitungs-
zeit: 2 Stunden
und 30 Minuten**

**414/1731 kcal/kJ
45 g Eiweiß
22 g Fett
8 g Kohlen-
hydrate**

Zutaten für 4 Portionen

800 g Spanferkelschlegel • 4 Knoblauchzehen • 1 Bund Rosmarin • Salz, Pfeffer • 3 EL Pflanzenöl • 1 Möhre • 1/4 Knolle Sellerie • 1/2 Stange Lauch • 1 kleine Zwiebel • 1 Bund Thymian • 1/2 Bund Oregano • 50 ml Weißwein

1 Die Schwarte des Spanferkelschlegels rautenförmig einschneiden.

2 Die Knoblauchzehen abziehen und längs vierteln. Die Hälfte des Rosmarins in kleine Zweige zerteilen.

3 Das Fleisch von der Unterseite her mehrmals mit einem Ausbeinmesser einstechen. Knoblauch und Rosmarinzweige in die entstandenen Öffnungen stecken.

4 Den Braten salzen und pfeffern. Das Pflanzenöl in einem Bratentopf bei starker Hitze heiß werden lassen und das Spanferkel von allen Seiten scharf anbraten.

5 Das Fleisch bei 200 °C (Gas Stufe 3–4) 2 Stunden im Ofen braten.

6 Möhre, Sellerie und Lauch putzen, schälen und grob zerkleinern. Die Zwiebel von losen Schalen befreien und vierteln.

7 Gemüse, Zwiebel, 1 Rosmarinzweig und die Hälfte des Thymians nach 30 Minuten Bratzeit um das Fleisch herum verteilen. Mit 400 Millliliter Wasser aufgießen.

8 Den Braten während der restlichen Garzeit mehrmals mit der Sauce übergießen. Das verdampfte Wasser immer wieder nachfüllen, damit die Flüssigkeitsmenge gleich bleibt.

9 Wenn die Kruste knusprig und das Fleisch gar ist, den Spanferkelschlegel aus der Sauce heben und etwas ruhen lassen.

10 Die restlichen Kräuter hacken. Die Sauce durch ein Sieb abgießen, die gehackten Kräuter und den Wein zugeben und die Flüssigkeit um 1/3 einkochen. Mit Salz und Pfeffer abschmecken und nochmals passieren.

11 Den Braten in Scheiben schneiden. Die Sauce getrennt dazu reichen.

INFO Rosmarin lässt sich auch auf dem Balkon anpflanzen. Er ist sogar in winterharten Sorten erhältlich.

Kräutergedämpfte Schweinefiletmedaillons

Zutaten für 4 Portionen

1 Zwiebel · 4 Knoblauchzehen · 1 TL weiße Pfefferkörner
1/2 Bund Thymian · 1/2 Bund Rosmarin · 1/2 Bund Salbei
400 ml Fleischbrühe · 600 g Schweinefilet · 2 EL Öl
Salz, Pfeffer

Zubereitungszeit: 40 Minuten

249/1042 kcal/kJ
34 g Eiweiß
10 g Fett
6 g Kohlenhydrate

1 Zwiebel und Knoblauchzehen abziehen und grob zerkleinern. Mit Pfefferkörnern und den Kräutern in der Fleischbrühe aufkochen und 10 Minuten ziehen lassen.

2 Das Schweinefilet von Fett und Sehnen befreien, in Medaillons schneiden und mit dem Handballen etwas flach drücken.

3 Das Öl erhitzen, die Schweinefilets 2 Minuten anbraten, wenden, salzen, pfeffern und weitere 2 Minuten braten.

4 Einen Dämpfeinsatz in den Topf mit dem Kräutersud geben. Die Medaillons hineinsetzen und einen fest sitzenden Deckel auflegen. Das Fleisch 20 Minuten dämpfen.

5 Mit gedämpftem Gemüse wie Brokkoli, Blumenkohl und Möhren servieren.

Geflügelleber in Honig-Salbei-Sauce

Zubereitungs-zeit: 30 Minuten

383/1606 kcal/kJ
30 g Eiweiß
13 g Fett
28 g Kohlen-hydrate

Zutaten für 4 Portionen
600 g Geflügelleber • Salz, Pfeffer • 50 g Mehl • 1 Schalotte
1/2 Bund Salbei • 2 EL Öl • 100 ml Portwein • 200 ml Ge-flügelbrühe • 2 EL Honig • 1 TL Balsamicoessig

1 Die Geflügelleber waschen, trockentupfen und die einzelnen Stücke schräg halbieren. Mit Salz und Pfeffer bestreuen und in Mehl wenden.
2 Die Schalotte abziehen und würfeln. Die Salbeiblätter in feine Streifen schneiden.

3 Das Öl erhitzen und die Leber darin anbraten. Nach 2 Minuten wenden.
4 Nach weiteren 2 Minuten Schalottenwürfel und Salbei zufügen, kurz mitdünsten und mit Portwein und Geflügelbrühe aufgießen. Zugedeckt 8 Minuten schmoren.

Süß und würzig zugleich: Geflügel-leber mit Honig-Salbei-Sauce lässt keine Wünsche offen.

5 Die Geflügelleber herausnehmen und warm stellen. Die Sauce um 1/3 einkochen.
6 Den Honig hinzufügen und auflösen. Mit Balsamicoessig, Salz und Pfeffer würzen.
7 Die Leberstücke zurück in die Sauce geben, durchschwenken und servieren.

Roastbeef mit Kräuterkruste

Zutaten für 4 Portionen

800 g Roastbeef · Salz, schwarzer Pfeffer · 2 EL Öl
2 Stängel Kerbel · 2 Zweige Thymian · 2 Zweige Rosmarin
1/2 Bund Petersilie · 100 g Butter · 2 TL Senf · 50 g Semmelbrösel

Zubereitungszeit: 45 Minuten

555/2328 kcal/kJ
47 g Eiweiß
36 g Fett
11 g Kohlenhydrate

1 Das Roastbeef von Fett und Sehnen befreien, salzen, pfeffern und in einer Bratreine in heißem Öl von allen Seiten scharf anbraten.
2 Das Fleisch in den Backofen schieben und etwa 30 bis 35 Minuten bei 200 °C (Gas Stufe 3–4) braten (das Fleisch sollte innen noch rosa sein). Bei der Benutzung eines Fleischthermometers beträgt die Kerntemperatur dann etwa 60 bis 70 °C.
3 In der Zwischenzeit Kerbel, Thymian, Rosmarin und Petersilie fein hacken. Die Butter schaumig rühren und Kräuter, Senf und Semmelbrösel unter die Buttermasse ziehen.
4 Nach 25 Minuten Bratzeit die Kräuterbutter auf das Roastbeef streichen und bei starker Oberhitze fertig garen.
5 Das Roastbeef mit Alufolie abdecken und etwa 5 Minuten ruhen lassen, damit sich die Fleischsäfte verteilen können, dann in dünne Scheiben schneiden.

Schweinefilet mit Tongupilzen und Zitronengras

Zubereitungs-
zeit: 1 Stunde

286/1200 kcal/kJ
25 g Eiweiß
15 g Fett
11 g Kohlen-
hydrate

Zutaten für 4 Portionen

*8 Tongupilze • 400 g Schweinefilet • 1 EL Speisestärke
2 EL Sojasauce • 2 TL Sesamöl • 150 g breite grüne Bohnen
1 EL Schweineschmalz • 1 EL Austernsauce • 4 EL Reiswein
2 Knoblauchzehen • 2 cm Ingwerwurzel • 4 Stängel Zitronengras • 2 EL Öl • Zucker • Salz, Pfeffer • 2 EL Hühnerbrühe*

1 Die Tongupilze mit kochendem Wasser übergießen und 30 Minuten einweichen lassen.

2 Das Schweinefilet in Scheiben schneiden und mit Speisestärke und je 1 Teelöffel Sojasauce und Sesamöl marinieren.

3 Die Bohnen putzen, quer halbieren, schräg in 3 Zentimeter lange Stücke schneiden und in Salzwasser 8 Minuten blanchieren. Abgießen, eiskalt abschrecken und abtropfen lassen.

4 Die Pilze abgießen und dabei das Wasser auffangen. Die Stiele entfernen und die Köpfe zu zwei flachen Scheiben halbieren.

5 Das Schweineschmalz erhitzen und die Pilze darin andünsten. Restliches Sesamöl, Austernsauce, 2 Esslöffel Reiswein, 1 Teelöffel Sojasauce und 100 Milliliter Pilzwasser zugießen und bei mittlerer Hitze einkochen lassen, bis die Flüssigkeit vollständig verdampft ist.

6 Knoblauch abziehen, Ingwer schälen und beides in feine Scheibchen schneiden. Zitronengras in Ringe schneiden.

7 Das Öl in einem Wok erhitzen und das Schweinefleisch darin 2 Minuten anbraten.

8 Knoblauch, Ingwer und Zitronengras zugeben und 1 Minute mitbraten. Dann Pilze und Bohnen hinzufügen und mit

Seinen Namen hat das Zitronengras, weil es beim Zerreiben einen zitronenähnlichen Duft von sich gibt.

Zucker, Salz und Pfeffer würzen.

9 Fleisch und Gemüse mit Hühnerbrühe, restlicher Sojasauce und Reiswein aufgießen, aufkochen lassen und nochmals abschmecken.

Gefülltes Estragonhähnchen

Zutaten für 4 Portionen

2 Eier • 1 EL zerlassene Butter • 1 Bund Estragon • 100 g gekochter Reis • gemahlene Koriandersamen • Salz, weißer Pfeffer • 1 Poularde à 1,5 kg • 3 EL Kognak • 1 EL Öl 200 ml Hühnerbrühe • 100 g Sahne • 3 EL Madeira

Zubereitungszeit: 2 Stunden

**846/3542 kcal/kJ
54 g Eiweiß
63 g Fett
11 g Kohlenhydrate**

1 Die Eier verschlagen und die Butter einrühren. Die Estragonblättchen fein hacken und mit dem Reis zu den Eiern geben. Mit Koriander, Salz und Pfeffer würzen und alles gut durchmischen.

2 Die Poularde waschen, trockentupfen, innen und außen mit Salz und Pfeffer einreiben und mit Kognak und Zitronensaft beträufeln. Das Hähnchen mit der Reismischung füllen, die Öffnung zunähen und Keulen und Flügel hochbinden.

3 Eine Bratreine mit dem Öl fetten, das Hähnchen hineinsetzen und ca. 1 1/2 Stunden bei 220 °C (Gas Stufe 4–5) im Ofen braten.

4 Nach 20 Minuten die Brühe zugeben und das Hähnchen alle 15 Minuten damit begießen.

5 Nach Ende der Garzeit das Hähnchen herausnehmen und warm stellen. Die Flüssigkeit durch ein Sieb abgießen. Die Sauce entfetten.

6 Sahne und Madeira einrühren und nochmals aufkochen. Mit Salz und Pfeffer abschmecken und getrennt zum Hähnchen reichen.

Kalbfleischröllchen mit Bärlauch-Basilikum-Füllung

**Zubereitungs-
zeit: 50 Minuten**

**637/2671 kcal/kJ
45 g Eiweiß
50 g Fett
3 g Kohlen-
hydrate**

Zutaten für 4 Portionen

*12 kleine Kalbsschnitzel (insgesamt ca. 700 g) • 100 g Bauch-
speck • 1 Knoblauchzehe • 2 EL Pinienkerne • 1/2 Bund Basilikum • 1/2 Bund Bärlauch • 1/2 Bund Sauerampfer
50 g geriebener Parmesan • 2 EL Olivenöl • Salz, weißer
Pfeffer • 3 EL Öl*

1 Die Kalbsschnitzel dünn klopfen, ohne sie zu zerfasern. Den Bauchspeck würfeln und in einer Pfanne auslassen. Die Knoblauchzehe abziehen und würfeln.

2 Knoblauch, Pinienkerne und Kräuterblätter gemeinsam fein hacken. Mit Speckwürfeln und Parmesan vermischen, das Olivenöl einrühren und mit Salz und Pfeffer würzen.

Alternative zum frischen Knoblauch: eine Füllung aus frischem Bärlauch, Basilikum und Sauerampfer.

3 Schnitzel auf einer Seite mit der Kräutercreme bestreichen, wie Rouladen aufrollen, mit einem Zahnstocher feststecken, salzen und pfeffern.
4 Das Öl in einer Gusspfanne erhitzen und die Kalbfleischröllchen von allen Seiten anbraten.
5 In den Ofen schieben und 8 Minuten bei 220 °C (Gas Stufe 4–5) braten. Das Fleisch auf vier Tellern anrichten und Nudeln als Beilage reichen.

Kalbskoteletts mit Wildreisfüllung

Zutaten für 4 Portionen
80 g Wildreis • 1 Lauchzwiebel • 1 Knoblauchzehe 1/2 Bund Thymian • 1 Stängel Bohnenkraut • 1 EL gehacktes Fenchelgrün • 2 EL Hüttenkäse • Salz, Pfeffer • 4 dicke Kalbskoteletts • 50 g Mehl • edelsüßes Paprikapulver • Zwiebelpulver • Knoblauchpulver • 2 EL Öl • 150 ml Fleischbrühe

Zubereitungszeit: 1 Stunde und 30 Minuten

459/1926 kcal/kJ
39 g Eiweiß
21 g Fett
29 g Kohlenhydrate

1 Den Reis in 30 Minuten weich kochen.
2 Die Lauchzwiebel putzen und hacken. Die Knoblauchzehe abziehen und würfeln. Thymian und Bohnenkraut hacken.
3 Reis, Lauchzwiebel, Knoblauch, Kräuter, Fenchelgrün und Hüttenkäse gut miteinander vermischen. Mit Salz und Pfeffer würzen.
4 In jedes Kalbskotelett eine Tasche schneiden und mit der Kräuter-Reis-Masse füllen. Die Öffnung mit Zahnstochern zustecken.
5 Mehl, die Gewürze, Salz und Pfeffer mischen und die Kalbskoteletts darin wenden.
6 Das Öl in einer Pfanne mit Deckel erhitzen. Die Koteletts darin von beiden Seiten scharf anbraten. Mit Fleischbrühe aufgießen und zugedeckt 30 Minuten garen.

Poêliertes Rinderfilet mit Estragon-Butter-Sauce

Zubereitungs-zeit: 45 Minuten

539/2260 kcal/kJ
42 g Eiweiß
38 g Fett
5 g Kohlen-hydrate

Zutaten für 4 Portionen
1 Zwiebel • 100 g Sellerie • 2 Stängel Estragon • 1 Stängel
Kerbel • 2 EL Öl • 4 Scheiben Rinderfilet à 180 g • Salz, Pfeffer
2 Lorbeerblätter • 3 Zweige Thymian • weiße Pfefferkörner
1 TL Senf • 100 ml Weißwein • 200 ml Rinderbrühe
1 TL abgeriebene Zitronenschale • 3 Eigelbe • 100 g Butter
1 EL Zitronensaft

Unter poêlieren versteht man das langsame Dünsten von Fleisch in einer Pfanne, wobei das Bratgut mit eigenem Saft oder Butter begossen wird, wodurch es leicht glasiert und eine schöne Farbe bekommt.

1 Die Zwiebel abziehen, halbieren und in Streifen schneiden. Den Sellerie putzen und würfeln. Die Kräuter fein hacken.

2 Das Öl in einer Pfanne erhitzen und die Rinderfilets darin auf jeder Seite 2 Minuten anbraten. Mit Salz und Pfeffer würzen, dann das Fleisch aus der Pfanne nehmen.

3 Zwiebeln und Sellerie in der Pfanne andünsten, Lorbeerblätter, Thymian, Pfefferkörner und Senf zugeben, mit Weißwein und Brühe aufgießen und aufkochen. Die abgeriebene Zitronenschale hinzufügen, das Fleisch wieder in die Pfanne legen und zugedeckt bei schwacher Hitze 10 Minuten garen.

4 Das Fleisch aus der Pfanne nehmen und warm stellen. Die Flüssigkeit durch ein Sieb abgießen.

5 Den Schmorsud mit den Eigelben verrühren und über einem Wasserbad in 10 Minuten unter ständigem Rühren cremig aufschlagen. Die Butter zerlassen.

6 Die Masse vom Wasserbad nehmen und die Butter in dünnem Strahl einrühren. Mit Estragon, Kerbel, Zitronensaft, Salz und Pfeffer würzen.

7 Die Filetscheiben mit der Buttersauce anrichten.

Eisbein im Thymiansud gekocht

Zutaten für 4 Portionen

*2 Eisbeine à 750 g • 1 1/2 l Fleischbrühe • 1 Bund Suppengrün
3 Zwiebeln • 2 Knoblauchzehen • 2 Bund Thymian • 2 Lorbeerblätter • 10 weiße Pfefferkörner • 5 Wacholderbeeren
Salz • 2 EL Öl • 50 g Butter • 1 EL Kapern • 1 EL Zitronensaft
Pfeffer • 1/2 Bund Schnittlauch*

**Zubereitungs-
zeit: 2 Stunden
und 30 Minuten**

**597/2496 kcal/kJ
37 g Eiweiß
42 g Fett
17 g Kohlen-
hydrate**

1 Die Eisbeine kurz mit heißem Wasser überbrühen und abtropfen lassen. Die Fleischbrühe in einem Topf mit 1 Liter Wasser auffüllen und das Fleisch hineingeben.

2 Das Suppengrün putzen und klein schneiden. 1 Zwiebel vierteln, Knoblauchzehen abziehen.

3 Suppengrün, Zwiebel und Knoblauch mit 1 Bund Thymian, Lorbeerblättern, Pfefferkörnern und Wacholderbeeren in die Brühe geben. Salzen und 2 Stunden bei schwacher Hitze kochen.

4 Die restlichen Zwiebeln abziehen, in Ringe schneiden. Das Öl in einer Pfanne erhitzen und die Zwiebeln darin glasig dünsten.

5 Die Eisbeine aus dem Sud nehmen, das Fleisch von den Knochen lösen und würfeln. Zu den Zwiebeln geben.

6 Die Thymianblättchen von dem verbliebenen Bund abzupfen und mit Butter und Kapern unter das Eisbein heben. Mit Zitronensaft, Salz und Pfeffer abschmecken.

7 Den Schnittlauch in feine Röllchen schneiden und über das Fleisch streuen. Kartoffelpüree als Beilage reichen.

INFO Thymian verleiht dem Fleisch nicht nur eine feine Würze, sondern fetteres Fleisch wird mit Thymian auch leichter verdaulich.

Fisch

Fisch bietet einerseits den Kräutern die Möglichkeit, sich voll zu entfalten, anderseits unterstützen Kräuter den Fisch dabei, seinen Charakter zu zeigen. Wegen der schnellen, sanften Zubereitungsart vieler Fischgerichte bleiben die gesundheitsfördernden Inhaltsstoffe und die den Geschmack bestimmenden ätherischen Öle zum größten Teil erhalten. Die Vielfalt der Verwendungsmöglichkeiten reicht von so einfachen Methoden wie den Fisch vor dem Grillen oder Braten mit einem Kräuterstrauß zu füllen bis zu aufwändigen Rezepten, wie etwa den klassischen Aalzubereitungen.

Seelachs mit Sellerie-Minz-Sauce

Zutaten für 4 Portionen
2 Stangen Staudensellerie • 2 Schalotten • 1 Knoblauchzehe 2 EL Öl • 1/2 Bund Koriander • 2 Stängel Minze • 100 ml Sherry Amontillado • 100 ml Fischfond • 800 g Seehechtfilet Salz, Pfeffer

Zubereitungs-zeit: 25 Minuten

**317/1306 kcal/kJ
41 g Eiweiß
12 g Fett
3 g Kohlen-
hydrate**

1 Den Sellerie waschen, putzen und möglichst fein hacken.

2 Schalotten und Knoblauchzehe abziehen, würfeln und in heißem Öl andünsten. Den Sellerie zugeben.

3 Die Kräuter hacken und unter den Sellerie mischen. Mit Sherry und Fischfond aufgießen und aufkochen.

4 Die Seehechtfilets in die Sauce legen, alles mit Salz und Pfeffer würzen und zugedeckt 4 Minuten garen. Die Fischfilets wenden und in weiteren 4 Minuten fertig garen.

Frische Minze zum Lachs – passt nicht? Passt wunderbar!

Hechtklößchen in Dillsauce

**Zubereitungs-
zeit: 2 Stunden**

**737/3092 kcal/kJ
34 g Eiweiß
58 g Fett
11 g Kohlen-
hydrate**

Zutaten für 4 Portionen

*1 Schalotte · 200 ml Weißwein · 2 EL Wermut · 1 1/2 l Fisch-
fond · 750 g Sahne · Zitronensaft · Cayennepfeffer · Salz
500 g Hechtfleisch ohne Gräten · weißer Pfeffer
1 Bund Dill*

1 Für die Sauce die Schalotte abziehen, in Ringe
schneiden und kalt ab-
spülen.

2 Die Schalotte mit
100 Milliliter Weißwein
und dem Wermut auf-
kochen. 500 Milliliter
Fischfond zugeben und
bei mittlerer Hitze um 1/3
reduzieren. 250 Gramm
Sahne einrühren und auf
die gewünschte Konsis-
tenz einkochen. Die
Sauce sollte nicht zu
dickflüssig sein.

3 Die Sauce durch ein
Sieb passieren und mit Zitronensaft, Cayennepfef-
fer und Salz würzen.

4 Alle Zutaten für die
Hechtklößchen müssen
eiskalt sein. Das Hecht-
fleisch 1 Stunde kühlen.
Danach salzen, pfeffern
und durch einen

Fleischwolf drehen. Mit
200 Gramm Sahne ver-
rühren und mit einem
Mixstab fein pürieren.
Wieder kalt stellen.

5 Nach 20 Minuten Kühl-
zeit die Farce durch ein
Sieb streichen und mit
weiteren 200 Gramm
Sahne vermischen. Die
restliche Sahne halb steif
schlagen und bis auf
2 Esslöffel unter die
Hechtfarce heben.
Nochmals mit Salz und
Pfeffer abschmecken.

6 Mit zwei in kaltes Wasser getauchten Esslöffeln
Nocken aus der Masse
formen und auf ein Perga-
mentpapier setzen.

7 Wenn alle Nocken ab-
gestochen sind, in einem
Sud aus restlichem Fisch-
fond, Weißwein, 1 Liter
Wasser und 1 Stängel Dill

**Dill wirkt appe-
titanregend und
verdauungsför-
dernd und zählt
zu den wichtigs-
ten harntrei-
benden Mitteln
unter den Kräu-
tern. Darüber
hinaus ist es ein
effektives Heil-
mittel bei Haut-
und Darm-
entzündungen.**

in 8 Minuten bei schwacher Hitze garziehen lassen.
8 Die Sauce nochmals aufkochen und die restliche Sahne unterziehen.

Den Dill hacken und zugeben.
9 Die Hechtklößchen in vier tiefe Teller setzen, mit der Dillsauce umgießen und servieren.

Zanderfilet mit Kerbelsauce

Zutaten für 4 Portionen
6 Schalotten · 100 ml Weißwein · 300 ml Fischfond 1/2 Bund Petersilie · 2 Zweige Rosmarin · 4 Zanderfilets à 150 g · 4 Jakobsmuscheln · Salz, weißer Pfeffer 80 g Butter · 2 Bund Kerbel

Zubereitungszeit: 40 Minuten

**392/1641 kcal/kJ
42 g Eiweiß
19 g Fett
8 g Kohlenhydrate**

1 Die Schalotten abziehen und 4 davon fein würfeln. Die Schalottenwürfel mit Weißwein und 200 Milliliter Fischfond auf die Hälfte der Flüssigkeit einkochen.
2 Die restlichen Schalotten in Ringe schneiden und mit Petersilie und Rosmarin auf einem geölten Backblech verteilen.
3 Die Zanderfilets auf das Blech legen. Die Jakobsmuscheln in Scheiben schneiden und auf dem Fisch verteilen. Mit Salz und Pfeffer würzen

und mit dem verbliebenen Fischfond übergießen. Bei 200 °C (Gas Stufe 3–4) 12 Minuten im Ofen überbacken.
4 Die Schalottensauce aufkochen. Die eiskalte Butter würfeln und mit einem Schneebesen in der Sauce verrühren.
5 Den Kerbel hacken und in die Sauce geben. Mit Salz und Pfeffer abschmecken.
6 Die Fischfilets auf vier Tellern anrichten, mit der Sauce umgießen und servieren.

Dorade mit Zwiebeln und Petersilie

**Zubereitungs-
zeit: 35 Minuten**

**295/1232 kcal/kJ
30 g Eiweiß
16 g Fett
4 g Kohlen-
hydrate**

Zutaten für 4 Portionen

*4 Doraden royale à 300 g • 2 EL Zitronensaft • Salz, weißer
Pfeffer • 2 EL Öl • 1 Zwiebel • 100 ml Weißwein • 150 ml Fischfond • 2 EL Butter • 1 Bund Petersilie*

1 Die Fische schuppen, ausnehmen, gründlich unter kaltem Wasser waschen und trockentupfen. An den Seiten jeweils 3-mal schräg einschneiden, mit Zitronensaft beträufeln und mit Salz und Pfeffer würzen.

2 Das Öl in einer Pfanne erhitzen und die Fische darin bei mittlerer Hitze anbraten.

3 Die Zwiebel abziehen und fein würfeln. Die Zwiebelwürfel zu den Fischen geben und kurz mitdünsten.

*Wer's deftig mag:
frische Dorade mit
Zwiebel und
Petersilie.*

4 Mit Weißwein und Fischfond aufgießen und zugedeckt 10 Minuten garen. Danach die Fische herausnehmen und warm stellen.

5 Die Butter in die Sauce geben, zerlassen und ver- rühren. Die Petersilie fein hacken und hinzufügen. Mit Salz und Pfeffer ab- schmecken.

6 Die Doraden auf vier Tellern anrichten, mit der Sauce übergießen und so- fort servieren.

Forellen auf Kräutern im Ofen gegart

Zutaten für 4 Portionen

4 Forellen à 250 g • Saft von 1 Zitrone • Salz, weißer Pfeffer
40 g Mehl • 2 EL Öl • 250 g Champignons • 4 EL Butter
150 ml Gemüsebrühe • 1 Bund Rosmarin • 1 Bund Petersilie
2 EL Semmelbrösel

Zubereitungs- zeit: 50 Minuten

382/1601 kcal/kJ
32 g Eiweiß
19 g Fett
19 g Kohlen- hydrate

1 Die Forellen schuppen, ausnehmen und gründlich unter kaltem Wasser wa- schen. Trockentupfen, in- nen und außen mit Zitro- nensaft beträufeln und mit Salz und Pfeffer ein- reiben.

2 Die Fische im Mehl wenden und 2 Minuten in heißem Öl anbraten.

3 Die Champignons put- zen und große Exemplare halbieren oder vierteln.

4 Eine Auflaufform mit etwas Butter fetten und mit der Gemüsebrühe ausgießen. Die Champi- gnons hineingeben, salzen, pfeffern und mit den Ros- marinzweigen abdecken. Dann die Forellen darauf legen.

5 Die Petersilie hacken und mit den Semmel- bröseln über Fische und Pilze streuen.

6 Mit Butterflöckchen belegen und zugedeckt 25 Minuten bei 200 °C (Gas Stufe 3–4) im Ofen backen.

Kalmar mit Oreganofüllung

**Zubereitungs-
zeit: 2 Stunden**

**563/2360 kcal/kJ
44 g Eiweiß
23 g Fett
39 g Kohlen-
hydrate**

Zutaten für 4 Portionen

*1 kg Kalmare • 2 Zwiebeln • 2 Knoblauchzehen • 4 EL Olivenöl
200 g Weißbrot ohne Rinde • 2 Bund Oregano • 4 Eigelbe
Salz, Pfeffer • 500 g Tomaten • 150 ml Weißwein
250 ml Fischfond*

**Vorsicht beim
Dosieren: Auf-
grund seines
ausgeprägten
Aromas ist Ore-
gano ein typi-
sches Einzel-
gewürz, das
schon in kleinen
Mengen andere
Kräuter leicht
überdeckt.**

1 Die Kalmare waschen, die Haut abziehen, die Tentakel mit dem Kopf aus dem Körperbeutel ziehen und das transparente Fischbein aus dem Körper entfernen. Tentakel und Flossen für die Füllung klein schneiden.

2 Zwiebeln und Knoblauchzehen abziehen und fein würfeln. Die Hälfte davon in 2 Esslöffeln Olivenöl glasig dünsten.

3 Das Weißbrot würfeln und mit den Tentakelstücken hinzugeben. Braten, bis das Brot leicht gebräunt ist.

4 Den Oregano hacken und mit den Eigelben zur Weißbrotmischung geben. Mit Salz und Pfeffer würzen.

5 Die Mischung mit einem Teelöffel in die Kalmare füllen und die Körper mit Zahnstochern verschließen.

6 Die Tomaten vom Stielansatz befreien, an der Unterseite kreuzweise einschneiden und 1 Minute blanchieren. Abgießen, abschrecken, abziehen und würfeln.

7 Für die Sauce die restlichen Zwiebel- und Knoblauchwürfel in Olivenöl andünsten, mit Tomatenwürfeln, Wein und Fischfond auffüllen und zum Kochen bringen.

8 Die Kalmare in die Tomatensauce legen und bei schwacher Hitze zugedeckt 1 bis 1 1/2 Stunden ziehen lassen, bis die Kalmare weich und die Sauce etwas eingedickt ist. Mit Salz und Pfeffer abschmecken.

Thunfisch mit Kräutern gebacken

Zutaten für 4 Portionen

1 Zwiebel • 2 Knoblauchzehen • 1 Zweig Rosmarin • 2 Zweige Thymian • 2 Stängel Salbei • 500 ml Rotwein • 2 Lorbeerblätter • 4 Thunfischsteaks • 200 g rote Paprikaschoten 4 EL Olivenöl • 4 Tomaten • 1/2 Bund Petersilie • 2 EL Butter Salz, Pfeffer

Zubereitungszeit: 45 Minuten (plus 6 Stunden zum Marinieren)

537/2248 kcal/kJ 35 g Eiweiß 32 g Fett 11 g Kohlenhydrate

1 Zwiebel und Knoblauchzehen abziehen und fein würfeln. Rosmarin, Thymian und Salbei hacken. Alles mit dem Rotwein verrühren, die Lorbeerblätter zugeben, die Thunfischsteaks einlegen und 6 Stunden marinieren.

2 Danach die Paprika halbieren, von Stielansatz und Kernen befreien und in Streifen schneiden. In 2 Esslöffeln Olivenöl anbraten und zugedeckt 5 Minuten garen.

3 Die Tomaten vom Stielansatz befreien, an der Unterseite kreuzweise einschneiden und 1 Minute blanchieren. Abgießen, abschrecken, abziehen, vierteln, entkernen und würfeln.

4 Den Thunfisch aus dem Kräutersud nehmen und trockentupfen. Restliches Olivenöl erhitzen und den Fisch darin auf beiden Seiten anbraten.

5 Paprika und Tomaten in einer Auflaufform verteilen. Die Thunfischsteaks darauf legen. Die Petersilie hacken und über den Fisch streuen. Mit der Marinade begießen. Bei 220 °C (Gas Stufe 4–5) 8 Minuten im Ofen backen.

6 Die Thunfischsteaks herausnehmen und auf vier Tellern anrichten. Die Butter in die Auflaufform geben und schmelzen lassen. Mit Salz und Pfeffer abschmecken. Das Gemüse auf den Fisch geben und sofort servieren.

Meerbarben mit Limettenbutter

**Zubereitungs-
zeit: 35 Minuten**

**383/1601 kcal/kJ
30 g Eiweiß
28 g Fett
4 g Kohlen-
hydrate**

Zutaten für 4 Portionen

*4 Meerbarben • 100 g Butter • Salz, weißer Pfeffer • 1 kleine
Zwiebel • 2 Stängel Zitronenmelisse • Saft von 4 Limetten*

1 Die Fische schuppen,
ausnehmen, gründlich
unter kaltem Wasser wa-
schen, trockentupfen und
filetieren.
2 Die Filets auf der Hautseite mit etwas Butter einreiben, salzen und pfef-
fern. Mit der Hautseite
nach oben in eine gefette-
te Form legen und in ei-
nem Grill oder im Ofen
mit starker Oberhitze
10 Minuten garen.
3 In der Zwischenzeit die
Zwiebel abziehen und
würfeln. Die Butter zer-
lassen, aber nicht bräu-
nen, und die Zwiebel-
würfel darin andünsten.

*Sommerdelikatesse
vom Feinsten:
Meerbarben mit
Limettenbutter.*

4 Die Blättchen der Zitronenmelisse abzupfen, in feine Streifen schneiden und zur Butter geben. Den Limettensaft hinzufügen und verrühren. Mit Salz und Pfeffer abschmecken.

5 Die Filets auf vier Tellern anrichten, mit der Limettenbutter beträufeln und servieren.

Wolfsbarsch mit Chermoula

Zutaten für 4 Portionen

2 Wolfsbarsche à 600 g · 1 Bund glatte Petersilie · 1 Bund Koriander · 1 Zwiebel · 2 Knoblauchzehen · 1 rote Chilischote · 1 TL gemahlener Kreuzkümmel · edelsüßes Paprikapulver · 1 Döschen Safran · 1 EL Zitronensaft · 7 EL Olivenöl · Salz · 2 unbehandelte Zitronen

Zubereitungszeit: 1 Stunde

348/1463 kcal/kJ
26 g Eiweiß
23 g Fett
9 g Kohlenhydrate

1 Die Fische schuppen, ausnehmen und gründlich unter kaltem Wasser waschen. Trockentupfen und an jeder Seite 3-mal schräg einschneiden.

2 Für die Chermoula die Petersilie und den Koriander fein hacken. Die Zwiebel abziehen und würfeln. Die Knoblauchzehen abziehen und durchpressen. Die Chilischote halbieren, entkernen und in Ringe schneiden. Mit den Gewürzen, Zitronensaft und 6 Esslöffeln Olivenöl gründlich vermischen. Mit Salz abschmecken.

3 Eine große Auflaufform mit dem restlichen Olivenöl fetten und die Fische hineingeben. Mit der Chermoula gleichmäßig einreiben. Die Zitronen in Scheiben schneiden und auf die Fische legen.

4 Die Auflaufform abdecken und die Fische 25 Minuten bei 200 °C (Gas Stufe 3–4) im Ofen backen.

Lachssteaks mit Estragonbutter

**Zubereitungs-
zeit: 35 Minuten**

**527/2204 kcal/kJ
38 g Eiweiß
39 g Fett
3 g Kohlen-
hydrate**

Zutaten für 4 Portionen

*1 Schalotte • 1 Bund Estragon • 1 EL Estragonessig
100 ml Weißwein • 100 ml Fischfond • 100 g Butter • Salz,
Pfeffer • 4 Lachssteaks à 200 g • 1 EL Zitronensaft • 2 EL Öl*

1 Die Schalotte abziehen und in Ringe schneiden. Mit Estragon, Estragonessig, Weißwein und Fischfond aufkochen. Auf 1/3 der Flüssigkeit reduzieren und durch ein Sieb abgießen.
2 Die Butter zerlassen, die Estragonreduktion hinzufügen und ver-rühren. Mit Salz und Pfeffer abschmecken.
3 Die Lachssteaks salzen, pfeffern und mit Zitronensaft beträufeln. Das Öl erhitzen und die Fischscheiben auf jeder Seite 6 Minuten braten.
4 Den Lachs auf vier Tellern anrichten und mit der Estragonbutter begießen.

Gebratene Scampi mit Kräutern

**Zubereitungs-
zeit: 30 Minuten**

**384/1605 kcal/kJ
33 g Eiweiß
23 g Fett
5 g Kohlen-
hydrate**

Zutaten für 4 Portionen

*20 Scampischwänze • 4 EL Olivenöl • 2 EL Kognak
4 EL Weißwein • 400 ml Fischfond • 1/2 Bund Estragon
1/2 Bund Basilikum • 1 Bund Petersilie • 4 EL Butter
Salz, weißer Pfeffer*

1 Die Scampi mit Schale halbieren und dabei die Darmfäden entfernen.
2 Das Öl in einer Pfanne erhitzen und die Scampi mit der Fleischseite nach unten 2 Minuten braten. Umdrehen und nochmals 2 Minuten garen lassen. Die Scampi herausnehmen und das Fett aus der Pfanne weggießen.

3 Die Röststoffe in der Pfanne mit Kognak und Weißwein loskochen. Mit dem Fischfond auffüllen und um die Hälfte reduzieren lassen.

4 Estragon, Basilikum und Petersilie fein hacken. Die Butter in der Sauce auflösen, die Kräuter zugeben und verrühren. Mit Salz und Pfeffer abschmecken.
Die Scampi zurück in die Sauce geben, durchschwenken und servieren.

Forelle auf Müllerin Art

Zutaten für 4 Portionen
1 Bund Petersilie • 2 Zitronen • 4 Forellen à 250 g • Saft von 2 Zitronen • Salz, weißer Pfeffer • 40 g Mehl • 2 EL Öl 100 g Butter • 50 g Fischfond

Zubereitungszeit: 30 Minuten

465/1949 kcal/kJ
30 g Eiweiß
31 g Fett
16 g Kohlenhydrate

1 Die Petersilie hacken, 4 Sträußchen Blätter für die Garnitur aufheben.

2 Die Zitronen schälen, dabei auch die weiße Haut entfernen und das Fruchtfleisch in Scheiben schneiden

3 Die Forellen waschen, trockentupfen, innen und außen mit etwas Zitronensaft beträufeln und mit Salz und Pfeffer einreiben. Die Fische im Mehl wenden und 2 Minuten auf jeder Seite im Öl anbraten.

4 Die Butter zugeben und die Fische in 6 bis 8 Minuten fertig braten. Herausnehmen und warm stellen.

5 Die gebräunte Butter mit dem restlichen Zitronensaft und dem Fischfond ablöschen. Mit Salz und Pfeffer würzen.

6 Die Forellen auf vier Tellern anrichten, mit der Butter übergießen, mit gehackter Petersilie bestreuen und mit Zitronenscheiben und Petersiliensträußchen garnieren.

Impressum
Der Südwest Verlag ist
ein Unternehmen der
Verlagshaus Goethe-
straße GmbH & Co. KG.
© 1999 Verlagshaus
Goethestraße
GmbH & Co. KG,
München

Alle Rechte vorbehalten.
Nachdruck – auch aus-
zugsweise – nur mit Ge-
nehmigung des Verlags.

Redaktion:
Christian Hilt
Projektleitung:
Dr. Alex Klubertanz
Redaktionsleitung
und medizinische
Fachberatung:
Dr. med. Christiane Lentz
Bildredaktion:
Ute Schoenenburg
Produktion:
M. Metzger (Leitung),
A. Aatz,
Dr. E. Weigele-Ismael
Umschlag:
Heinz Kraxenberger,
München
Layout:
Wolfgang Lehner
DTP:
Matthias Liesendahl

Printed in Italy
Gedruckt auf chlor-
und säurearmem Papier

ISBN 3-517-08073-X

Über den Autor

Norbert Müller studierte Anglistik. Als gelernter Koch
arbeitet er zusätzlich als Rezepteredakteur und freier
Autor für verschiedene renommierte Verlage.

Literatur

Hammelmann, Iris/Müller, Norbert: Ingwer. Südwest Verlag.
München 1999
Handschmann, Johanna: Kürbis, Spitzkohl, Löwenzahn.
Südwest Verlag. München 1998
Lange, Elisabeth: Probiotics – Bakterien für die Gesundheit.
Südwest Verlag. München 1997
Liebster, Günther: Warenkunde Obst & Gemüse. Morion
Verlagsproduktion GmbH. 5. Auflage Düsseldorf 1995
Oberbeil, Klaus/Lentz, Dr. med. Christiane: Obst und Gemüse
als Medizin. Südwest Verlag. 4. Auflage, München 1997
Lücke, Dr. Susanne: Brot selbst gebacken. Ludwig Verlag 1998
Roßmeier, Armin: Das große Buch der leichten Küche.
Südwest Verlag. München 1998
Zittlau, Dr. Jörg: Die besten Rezepte aus der Gewürzküche.
Südwest Verlag. München 1998

Hinweis

Das vorliegende Buch ist sorgfältig erarbeitet worden.
Dennoch erfolgen alle Angaben ohne Gewähr. Weder Autor
noch Verlag können für eventuelle Nachteile oder Schäden,
die aus den im Buch gemachten praktischen Hinweisen
resultieren, eine Haftung übernehmen.

Bildnachweis

Alle Bilder stammen von Ute Schoenenburg, München
(Foodstyling: Tim Landsberg, München), außer:
Südwest Verlag, München: Titel (Posselt/Schoenenburg), 4
(Karl Newedel); Tony Stone, München: 1 (Rauzier -Riviere),
8 (Chris Bayley)